賃貸か持ち家か?

こだわりマイホームを手放して賃貸生活でお金も貯まりました

ミ ナオミ
aomi Abe

プロローグ

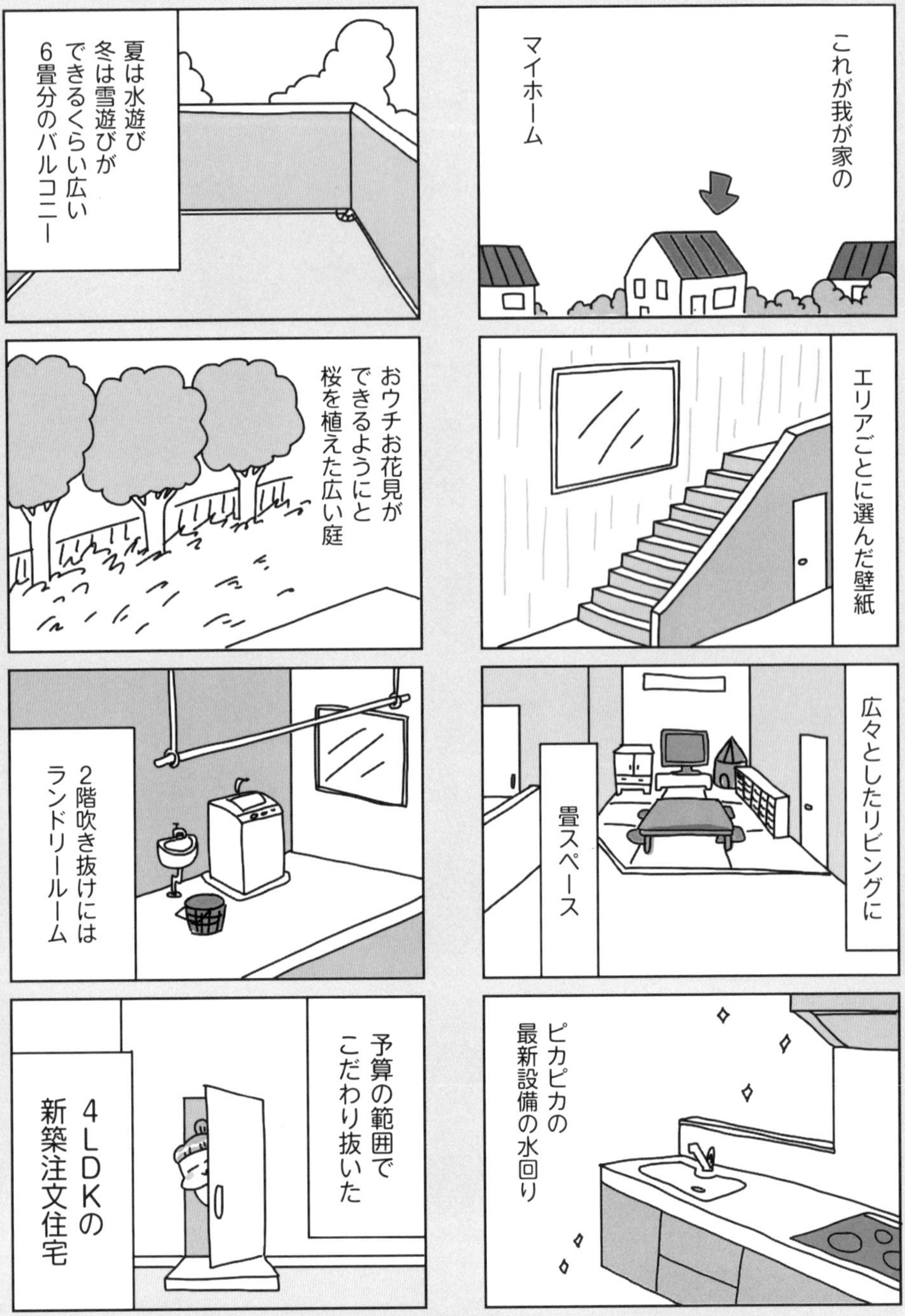

これが我が家の
マイホーム
エリアごとに選んだ壁紙
広々としたリビングに
畳スペース
ピカピカの
最新設備の水回り
夏は水遊び
冬は雪遊びが
できるくらい広い
6畳分のバルコニー
おウチお花見が
できるようにと
桜を植えた広い庭
2階吹き抜けには
ランドリールーム
予算の範囲で
こだわり抜いた
4LDKの
新築注文住宅

2014年0月×日
私たちは今マンションで賃貸暮らしをしています
家が建った翌年には次男がその3年後には長女が誕生5人家族になりました
2LDKに家族5人で住んでます
家が建って約9年…
じゃあ
いってきます
いってきまーす
あっ2LDKと言ってもですね
リビングダイニングには長男のピアノと防音室がありましてね…
いってらっしゃい気をつけて～
そーですね前の家とくらべると…

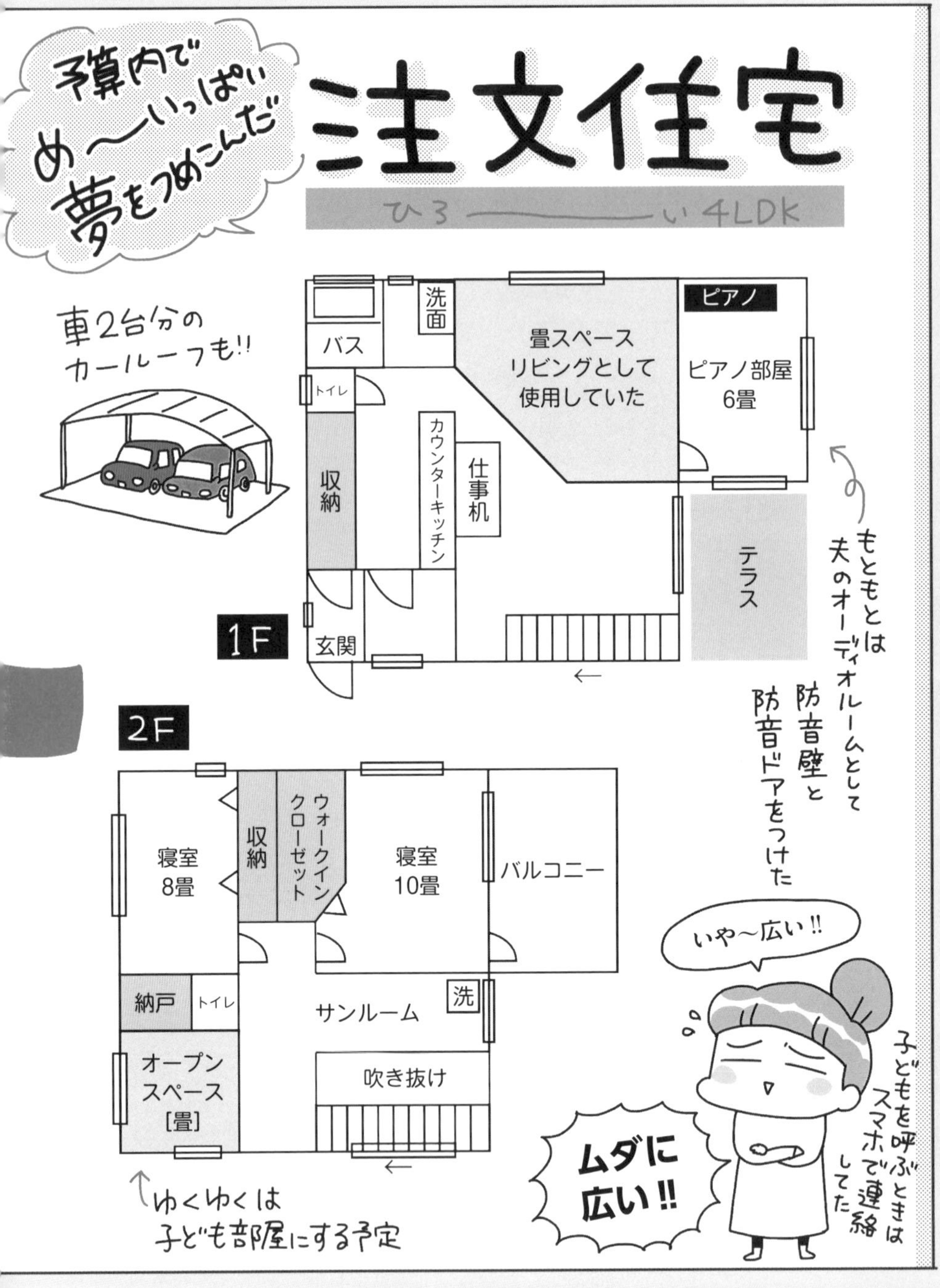
予算内でめ〜いっぱい夢をつめこんだ
注文住宅
ひろ――――い4LDK
車2台分のカールーフも!!
洗面
畳スペース
リビングとして使用していた
ピアノ
ピアノ部屋
6畳
バス
トイレ
カウンターキッチン
仕事机
収納
テラス
1F
玄関
←
もともとは夫のオーディオルームとして防音壁と防音ドアをつけた
2F
寝室
8畳
収納
ウォークインクローゼット
寝室
10畳
バルコニー
納戸
トイレ
洗
サンルーム
オープンスペース
[畳]
吹き抜け
←
ゆくゆくは子ども部屋にする予定
いや〜広い!!
ムダに広い!!
子どもを呼ぶときはスマホで連絡してた

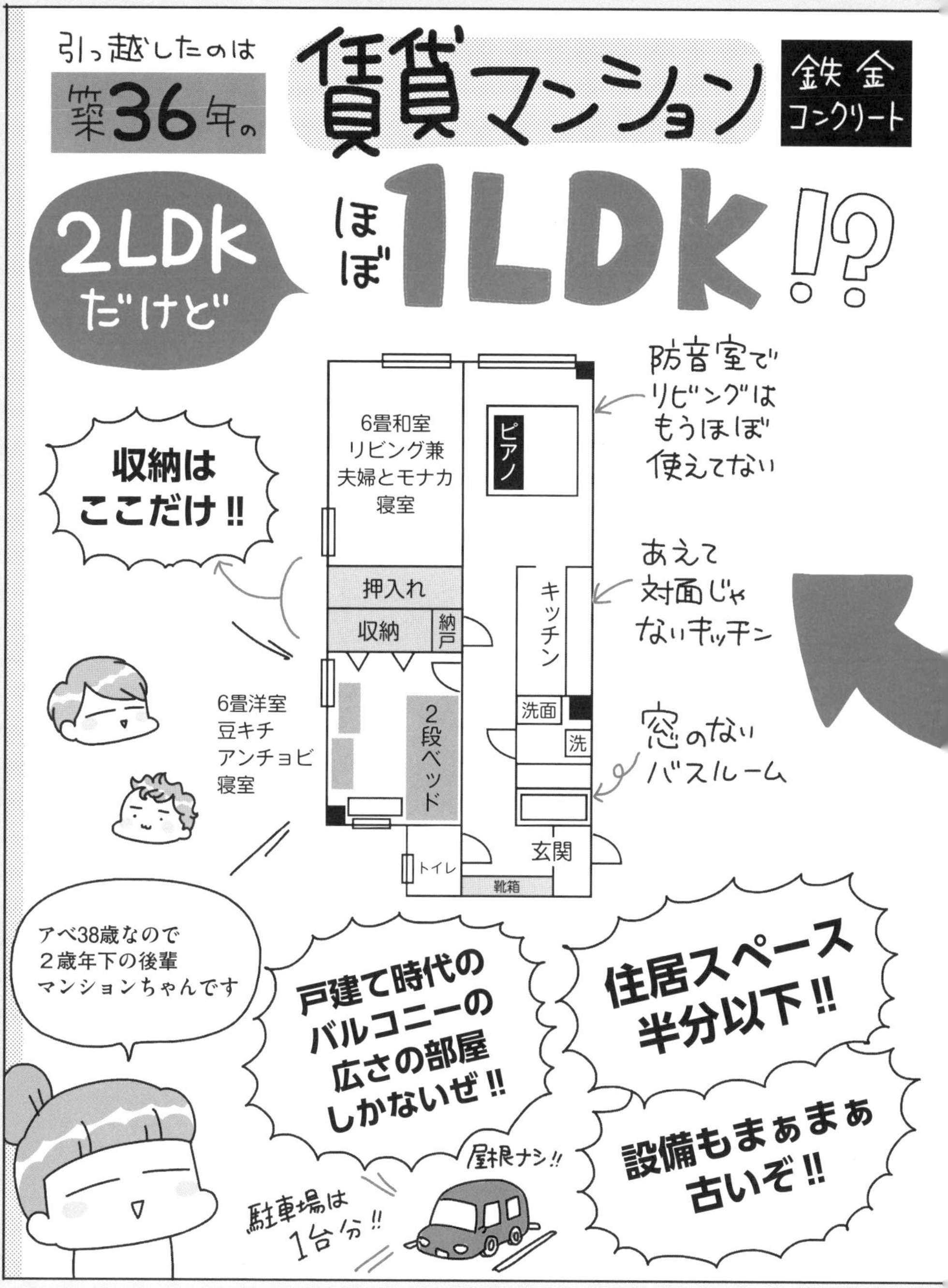

引っ越したのは
築36年の
賃貸マンション
鉄筋コンクリート
2LDKだけど
ほぼ1LDK!?
6畳和室
リビング兼
夫婦とモナカ
寝室
ピアノ
防音室でリビングはもうほぼ使えてない
収納はここだけ!!
押入れ
収納
納戸
キッチン
あえて対面じゃないキッチン
洗面
洗
窓のないバスルーム
6畳洋室
豆キチ
アンチョビ
寝室
2段ベッド
トイレ
玄関
靴箱
アベ38歳なので
2歳年下の後輩
マンションちゃんです
戸建て時代のバルコニーの広さの部屋しかないぜ!!
住居スペース半分以下!!
設備もまぁぁまぁ古いぞ!!
屋根ナシ!!
駐車場は1台分!!

Q1
ローン払えなくなったの？
いいえ
違います
ちゃんと払えます
Q2
破産した？
まさかそんなことありません
Q3
家が災害で住めなくなった？
いえいえちゃんと家立ってますよ
Q4
は？なんで？
マジで意味わからん
ははは
ですよね～
よくいわれます
私たちは経済的に辛くなってマイホームを手放したわけではなくて
夫婦や家族で家についてたくさん話し合い

真剣に「私たち」にとって最適な住まいとは何か？
自分たちの頭で考え抜いた末に住み替えました
マイホームを持つことが「夢」や「目標」になっている日本で
夢のマイホーム
なぜこんな普通じゃない選択をしたのか？
持ち家
賃貸
どうしてこだわり抜いた注文住宅を手放そうと思ったのか？
壁紙見本
お金は？
子どもたちの反応は？
私たち夫婦がおうちを手放すまでを
公開します!!
最後までぜひ楽しく読んでくださいねー!!

もくじ
Contents

じーっ
ドキ
ドキ

たいやき

【第1章】こだわり一軒家の理想と現実

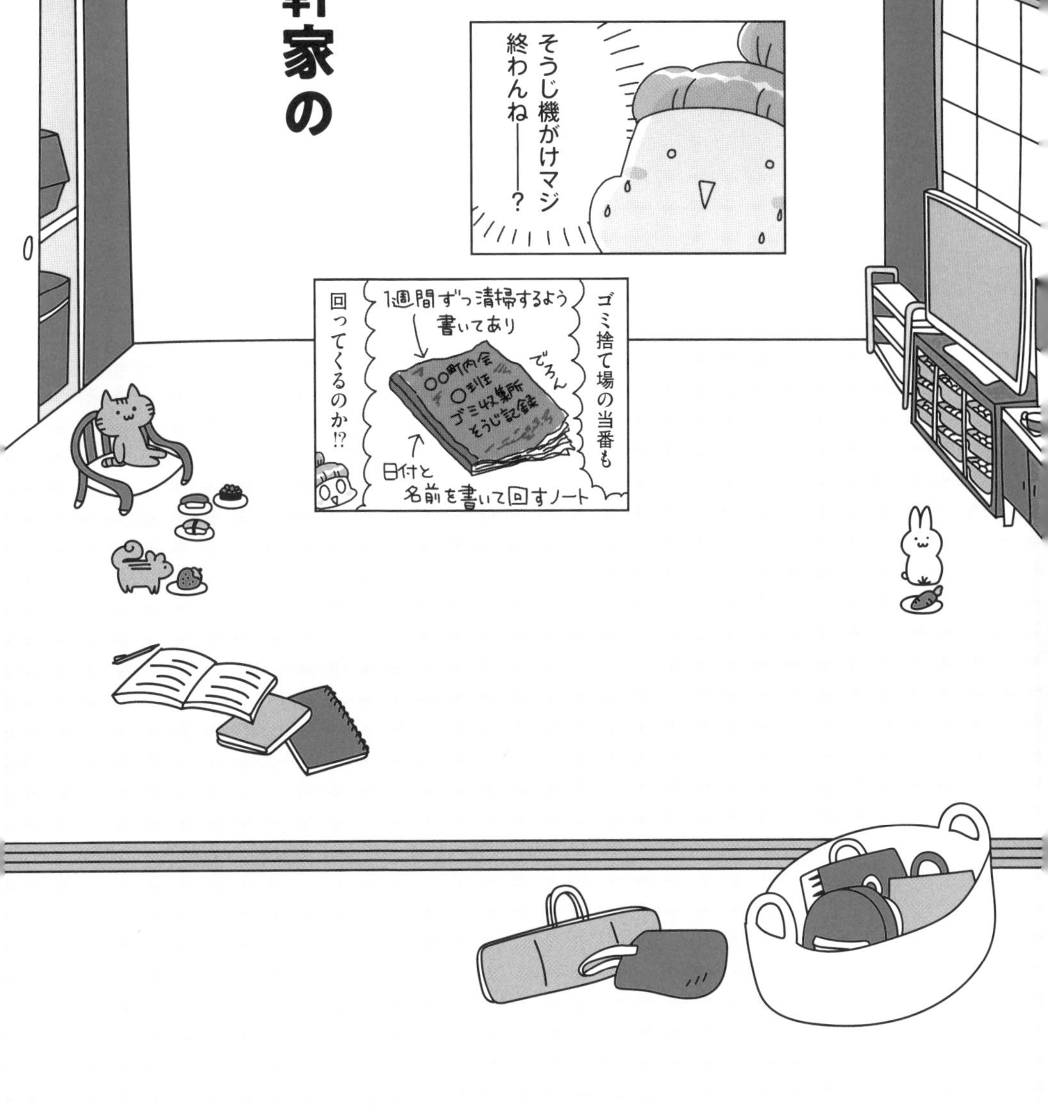

そうじ機がけマジ終わんね——？
ゴミ捨て場の当番も
回ってくるのか!?
1週間ずつ清掃するよう書いてあり
でろん
○○町内会
○班
ゴミ収集所
そうじ記録
日付と名前を書いて回すノート

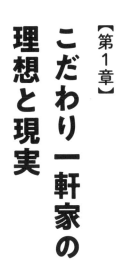

1話 夢の一戸建てを建てたら一人前？

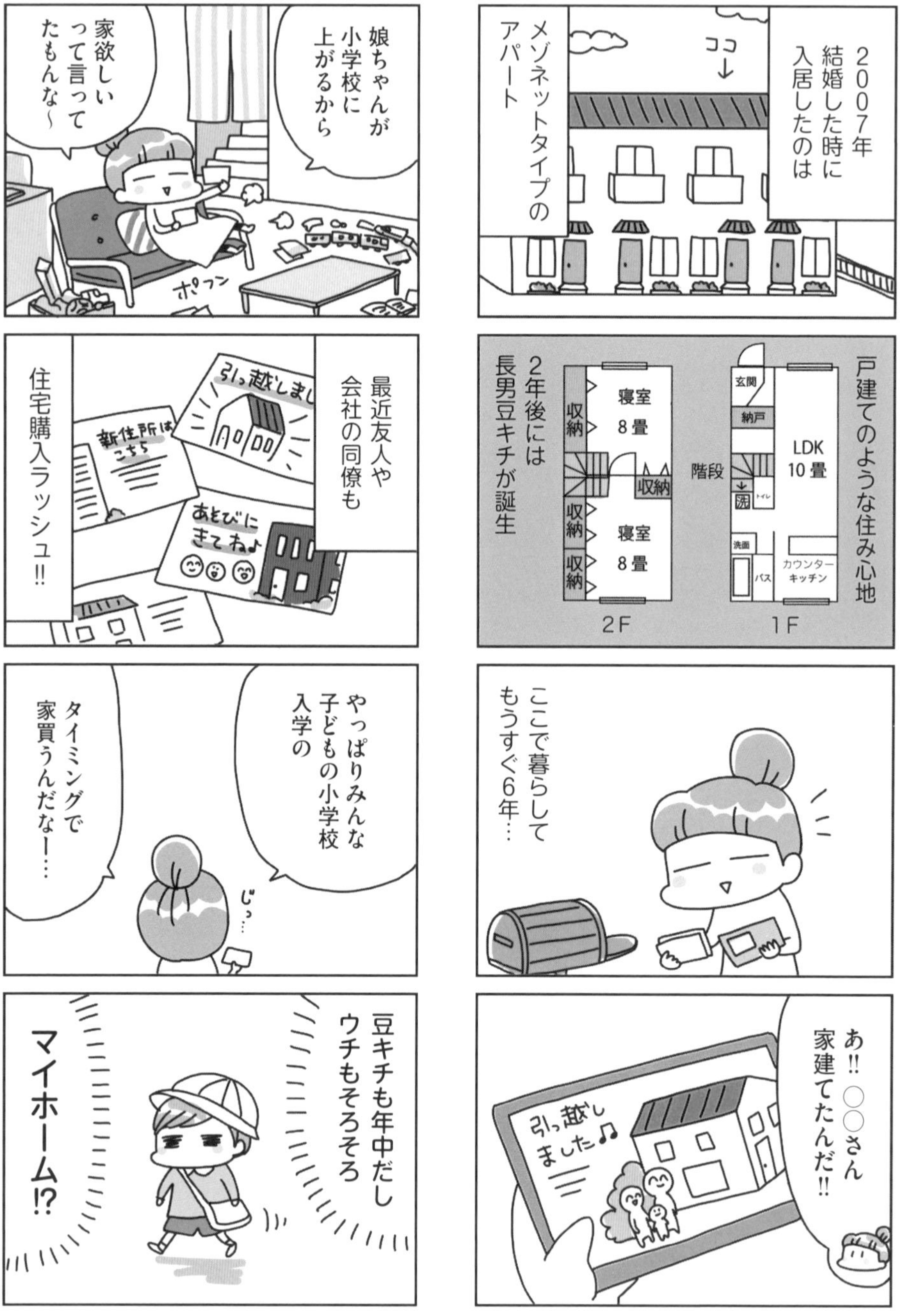
2007年結婚した時に入居したのは
ココ↓
メゾネットタイプのアパート
戸建てのような住み心地
玄関
納戸
LDK
10畳
階段
トイレ
洗面
バス
カウンターキッチン
1F
寝室
8畳
収納
寝室
8畳
収納
収納
収納
2F
2年後には長男豆キチが誕生
ここで暮らしてもうすぐ6年…
あ!! ○○さん家建てたんだ!!
引っ越しました♪
娘ちゃんが小学校に上がるから
家欲しいって言ってたもんな〜
ポフン
最近友人や会社の同僚も
引っ越しまし
新住所はこちら
あそびにきてね♪
住宅購入ラッシュ!!
やっぱりみんな子どもの小学校入学の
タイミングで家買うんだなー…
じっ…
豆キチも年中だしウチもそろそろ
マイホーム!?

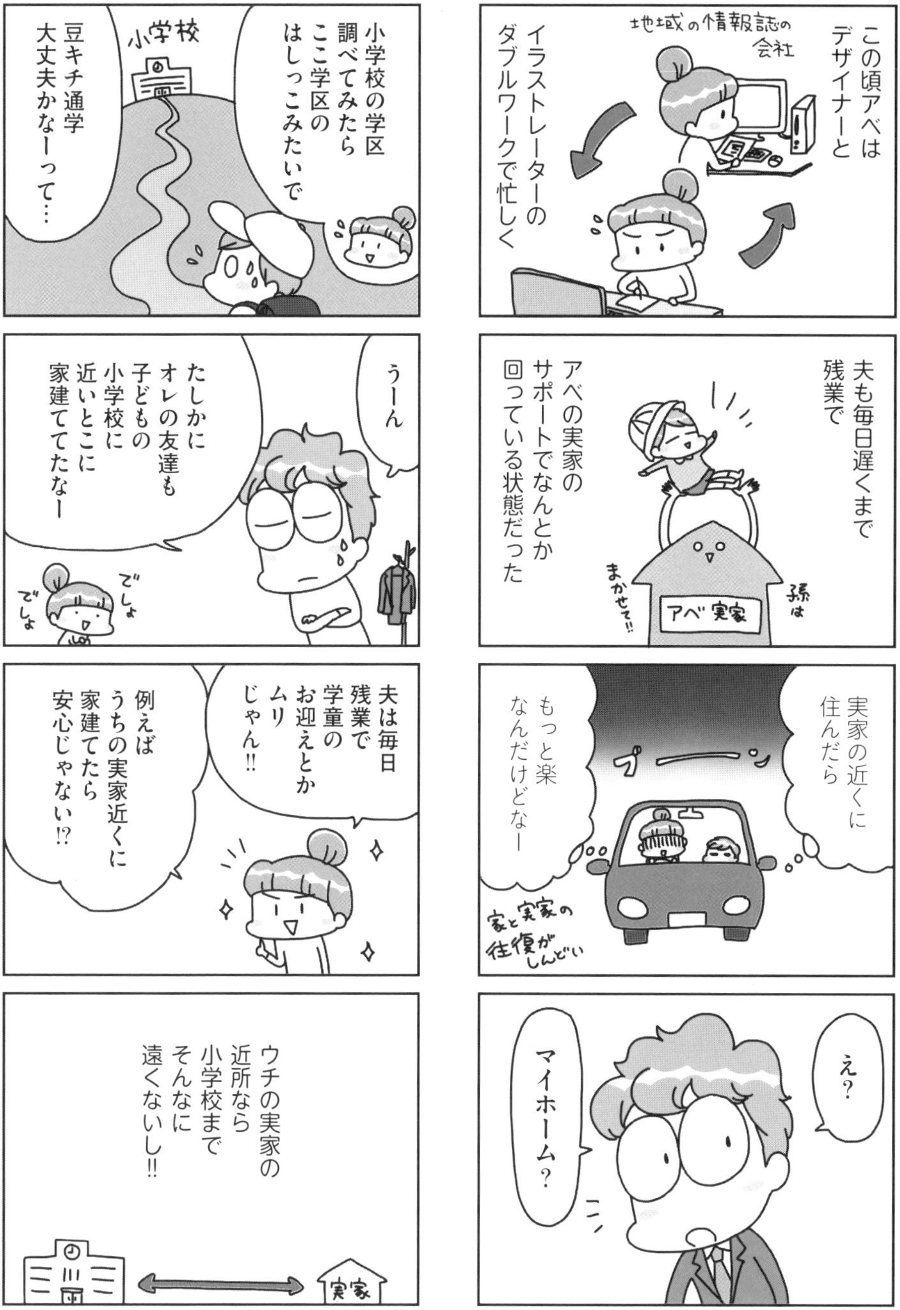
この頃アベは
デザイナーと
イラストレーターの
ダブルワークで忙しく
地域の情報誌の会社
夫も毎日遅くまで
残業で
アベの実家の
サポートでなんとか
回っている状態だった
孫は
まかせて!!
アベ実家
実家の近くに
住んだら
もっと楽
なんだけどなー
ブーーン
家と実家の往復がしんどい
え?
マイホーム?
小学校の学区
調べてみたら
ここ学区の
はしっこみたいで
小学校
豆キチ通学
大丈夫かなーって…
うーん
たしかに
オレの友達も
子どもの
小学校に
近いとこに
家建ててたなー
でしょ
でしょ
夫は毎日
残業で
学童の
お迎えとか
ムリ
じゃん!!
例えば
うちの実家近くに
家建てたら
安心じゃない!?
ウチの実家の
近所なら
小学校まで
そんなに
遠くないし!!
実家

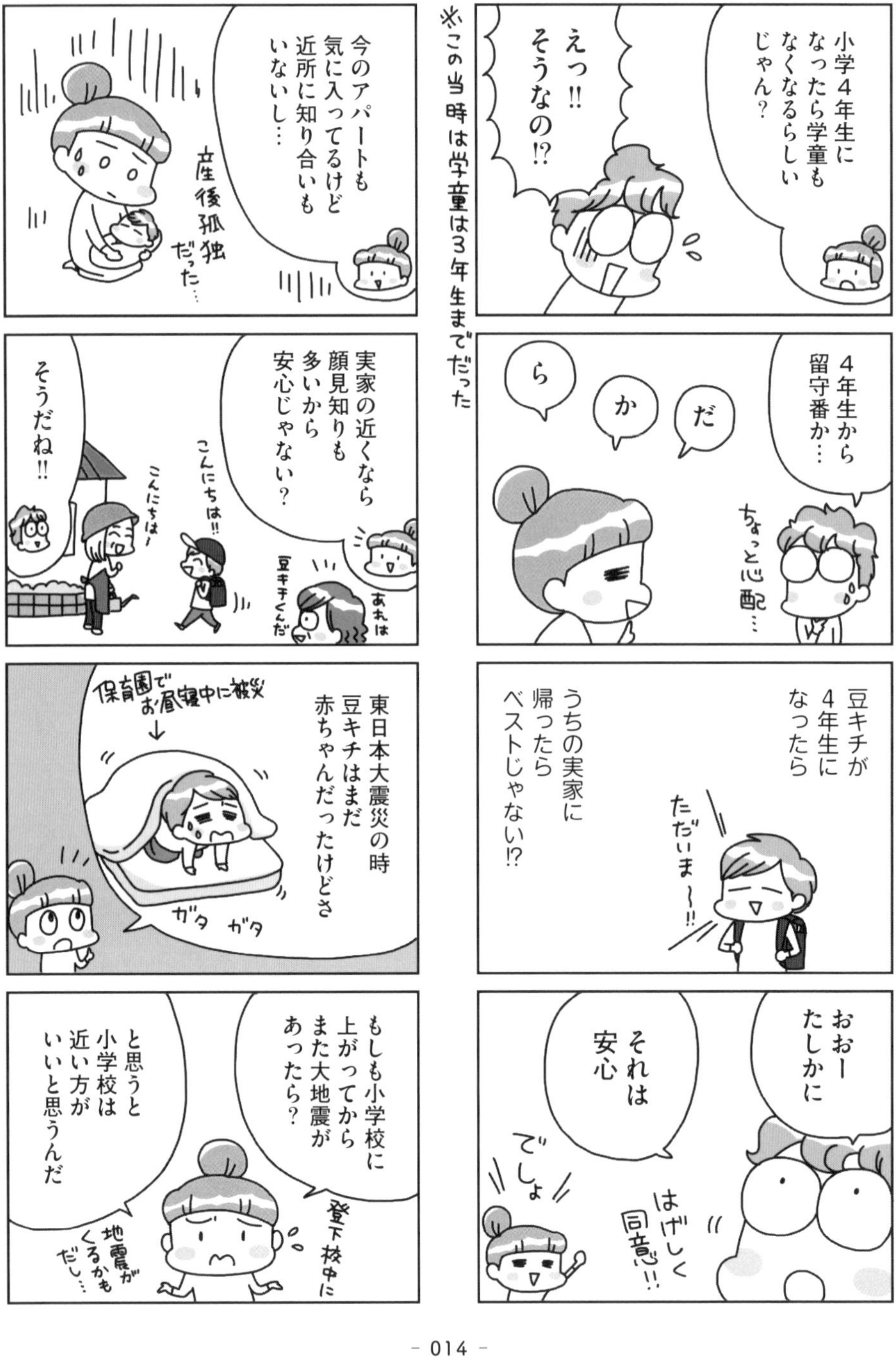
小学4年生になったら学童もなくなるらしいじゃん?
えっ!! そうなの!?
※この当時は学童は3年生までだった
4年生から留守番か…
ちょっと心配…
だ
か
ら
豆キチが4年生になったら
うちの実家に帰ったらベストじゃない!?
ただいま~!!
おおーたしかに
それは安心
でしょ
はげしく同意!!
今のアパートも気に入ってるけど近所に知り合いもいないし…
産後孤独だった…
実家の近くなら顔見知りも多いから安心じゃない?
あれは豆キチくんだ
こんにちは!!
こんにちは!
そうだね!!
東日本大震災の時豆キチはまだ赤ちゃんだったけどさ
保育園でお昼寝中に被災
ガタ ガタ
もしも小学校に上がってからまた大地震があったら?
登下校中に地震がくるかもだし…
と思うと小学校は近い方がいいと思うんだ

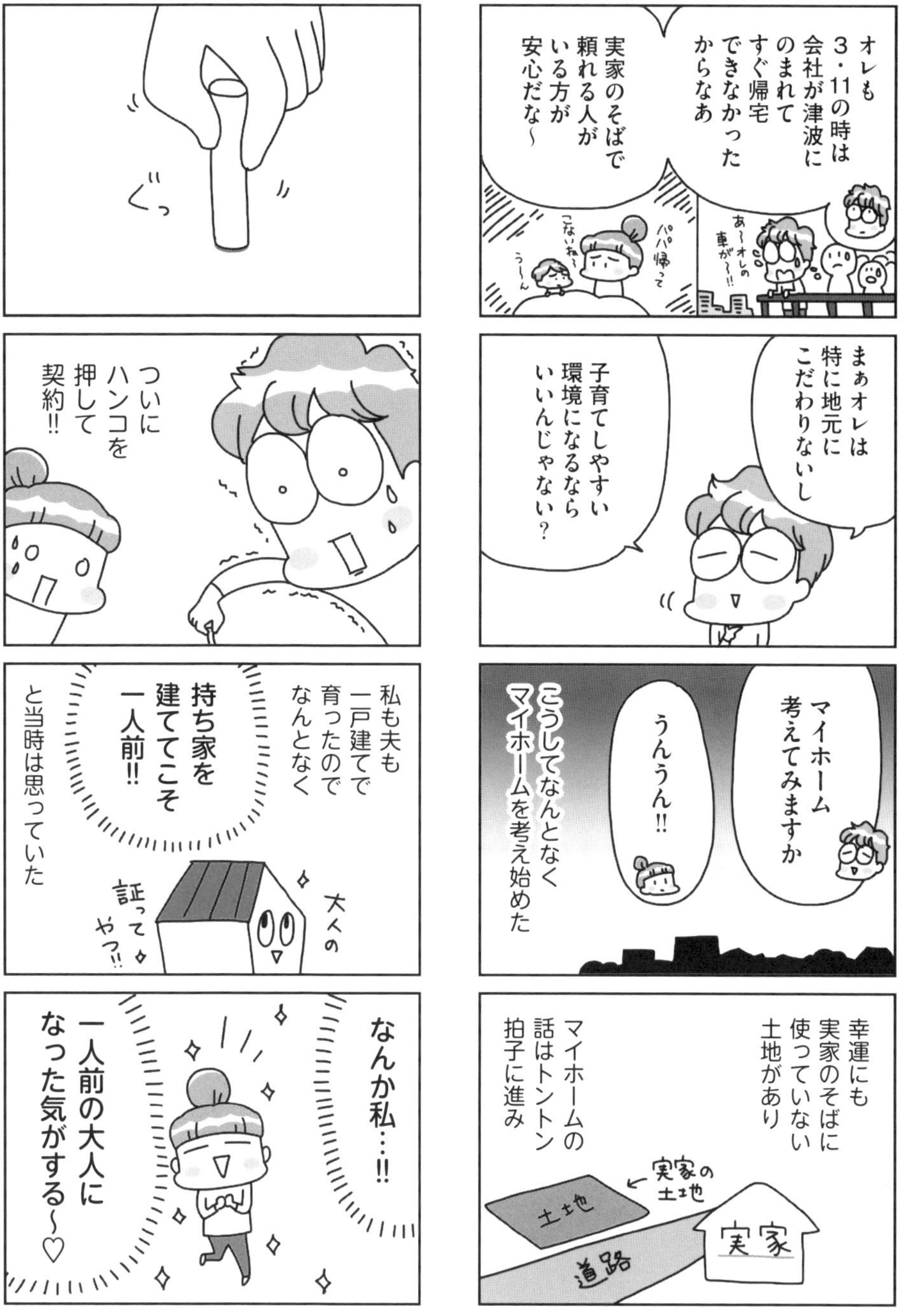
オレも3・11の時は会社が津波にのまれてすぐ帰宅できなかったからなあ
実家のそばで頼れる人がいる方が安心だな〜
あ〜オレの車が〜!!
パパ帰ってこないね〜
う〜ん
まぁオレは特に地元にこだわりないし
子育てしやすい環境になるならいいんじゃない?
マイホーム考えてみますか
うんうん!!
こうしてなんとなくマイホームを考え始めた
幸運にも実家のそばに使っていない土地があり
マイホームの話はトントン拍子に進み
実家の土地
土地
実家
道路
ぐっ
ついにハンコを押して契約!!
私も夫も一戸建てで育ったのでなんとなく
持ち家を建ててこそ一人前!!
と当時は思っていた
大人の証ってやつ!!
なんか私…!!
一人前の大人になった気がする〜♡

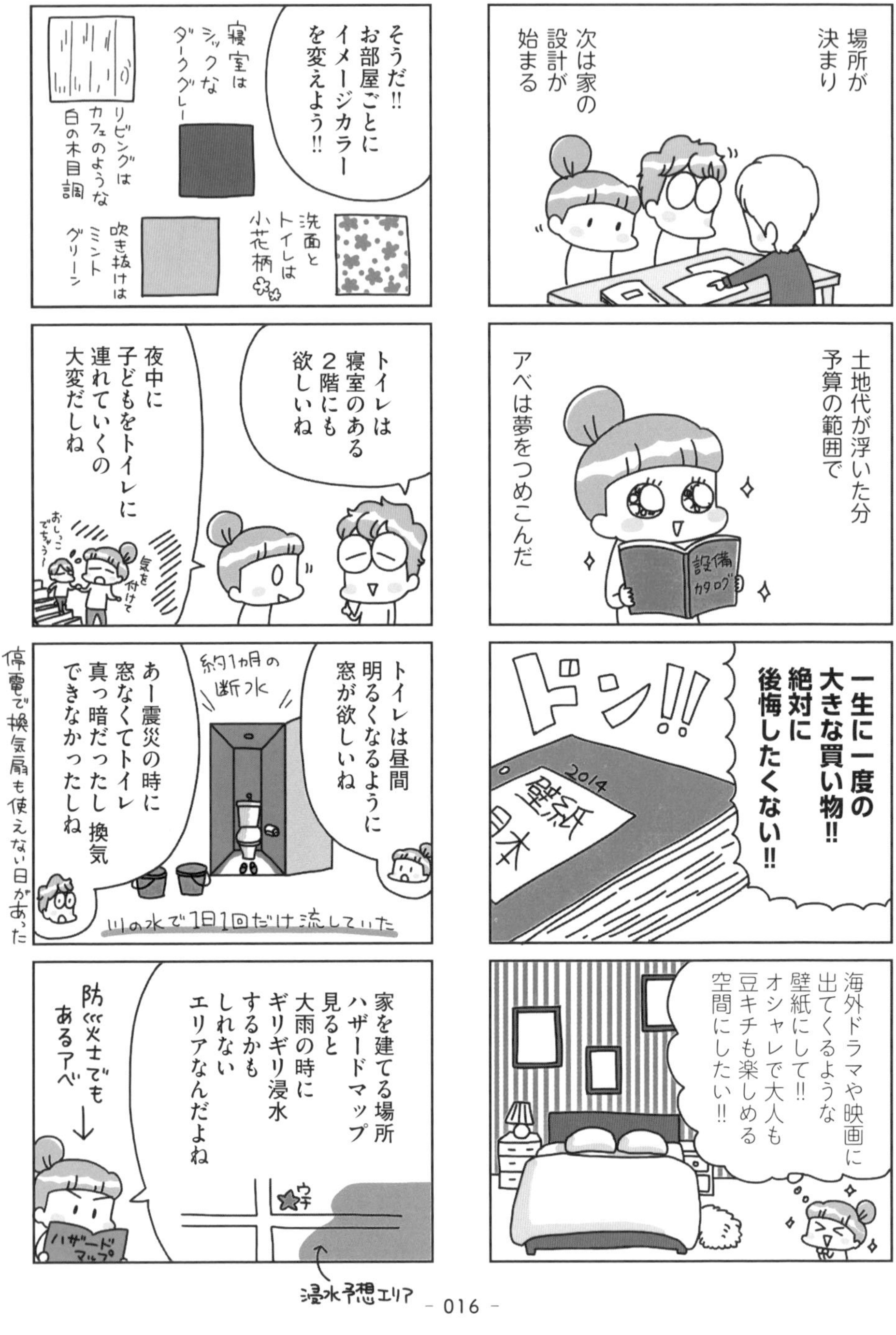
場所が決まり
次は家の設計が始まる
土地代が浮いた分
予算の範囲で
アベは夢をつめこんだ
設備カタログ
一生に一度の大きな買い物!!
絶対に後悔したくない!!
ドン!!
2014
壁紙見本
海外ドラマや映画に出てくるような壁紙にして!! オシャレで大人も豆キチも楽しめる空間にしたい!!
そうだ!! お部屋ごとにイメージカラーを変えよう!!
寝室はシックなダークグレー
リビングはカフェのような白の木目調
洗面とトイレは小花柄
吹き抜けはミントグリーン
トイレは寝室のある2階にも欲しいね
夜中に子どもをトイレに連れていくの大変だしね
おしっこでちゃう~
気を付けて
トイレは昼間明るくなるように窓が欲しいね
あー震災の時に窓なくてトイレ真っ暗だったし換気できなかったしね
約1ヶ月の断水
川の水で1日1回だけ流していた
停電で換気扇も使えない日があった
家を建てる場所ハザードマップ見ると大雨の時にギリギリ浸水するかもしれないエリアなんだよね
防災士でもあるアベ
↓
ハザードマップ
家
浸水予想エリア

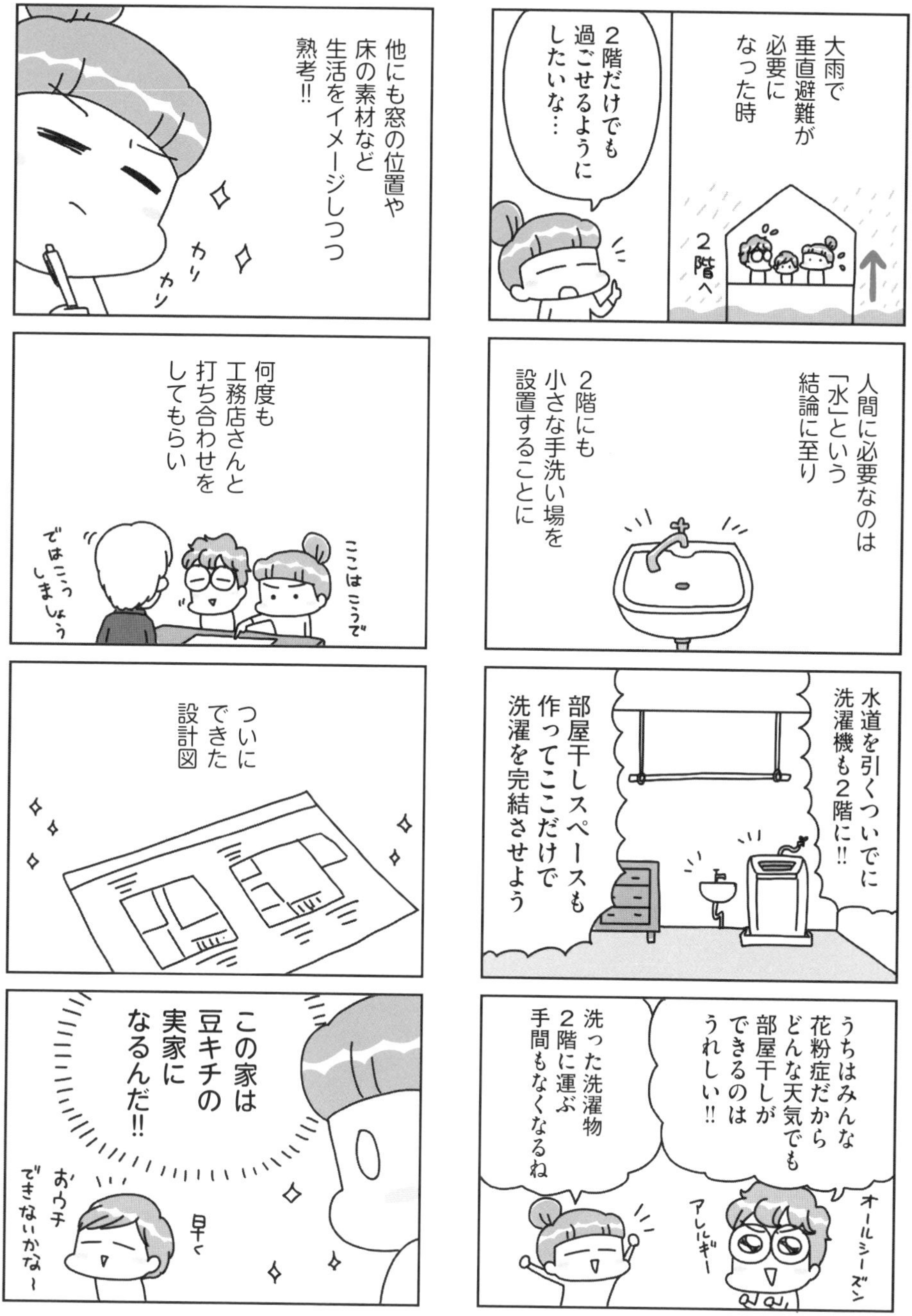
大雨で垂直避難が必要になった時
2階へ
2階だけでも過ごせるようにしたいな…
人間に必要なのは「水」という結論に至り
2階にも小さな手洗い場を設置することに
水道を引くついでに洗濯機も2階に!!
部屋干しスペースも作ってここだけで洗濯を完結させよう
うちはみんな花粉症だからどんな天気でも部屋干しができるのはうれしい!!
オールシーズンアレルギー
洗った洗濯物2階に運ぶ手間もなくなるね
他にも窓の位置や床の素材など生活をイメージしつつ熟考!!
カリカリ
何度も工務店さんと打ち合わせをしてもらい
ここはこうで
ではこうしましょう
ついにできた設計図
この家は豆キチの実家になるんだ!!
早くおウチできないかな〜

20～30年後
ただいまー!! 帰ったよー!!
マゴ
マゴ
おヨメ様
ばあば～!! じいじ～!!
久しぶり～♡
マゴ
マゴ
あ～やっぱ
実家は落ち着くな!!
妄想
そして…
家ができた!!
テッテレー!!
わーー
ホントに建ってしまった
建ちましたなー
ではっ!!
こちらがアベ家のカギです
ガチャ
引き渡された私たちのマイホーム
わーー!!

すべてが
新品の空間
この設備は このボタンで～
大切に キレイに使わ ないと～!!
はい
ピカーッ
階段の横にある 大きな窓
開放感 あるな～
この窓から 見える風景を 今から何十年 見て生きるだろう
おばあちゃんと おじいちゃんになるまで
孫は まだけ?
さっき 帰ったでしょ
ここで暮らすのか…
新居引き渡し当日
私は心にズンと 重みを感じたのであった

家が広いからあこがれてた大きなソファも買っちゃお～
テレビも大画面のがほしいね～

2話 戸建ての現実① 広けりゃいいと思ってた

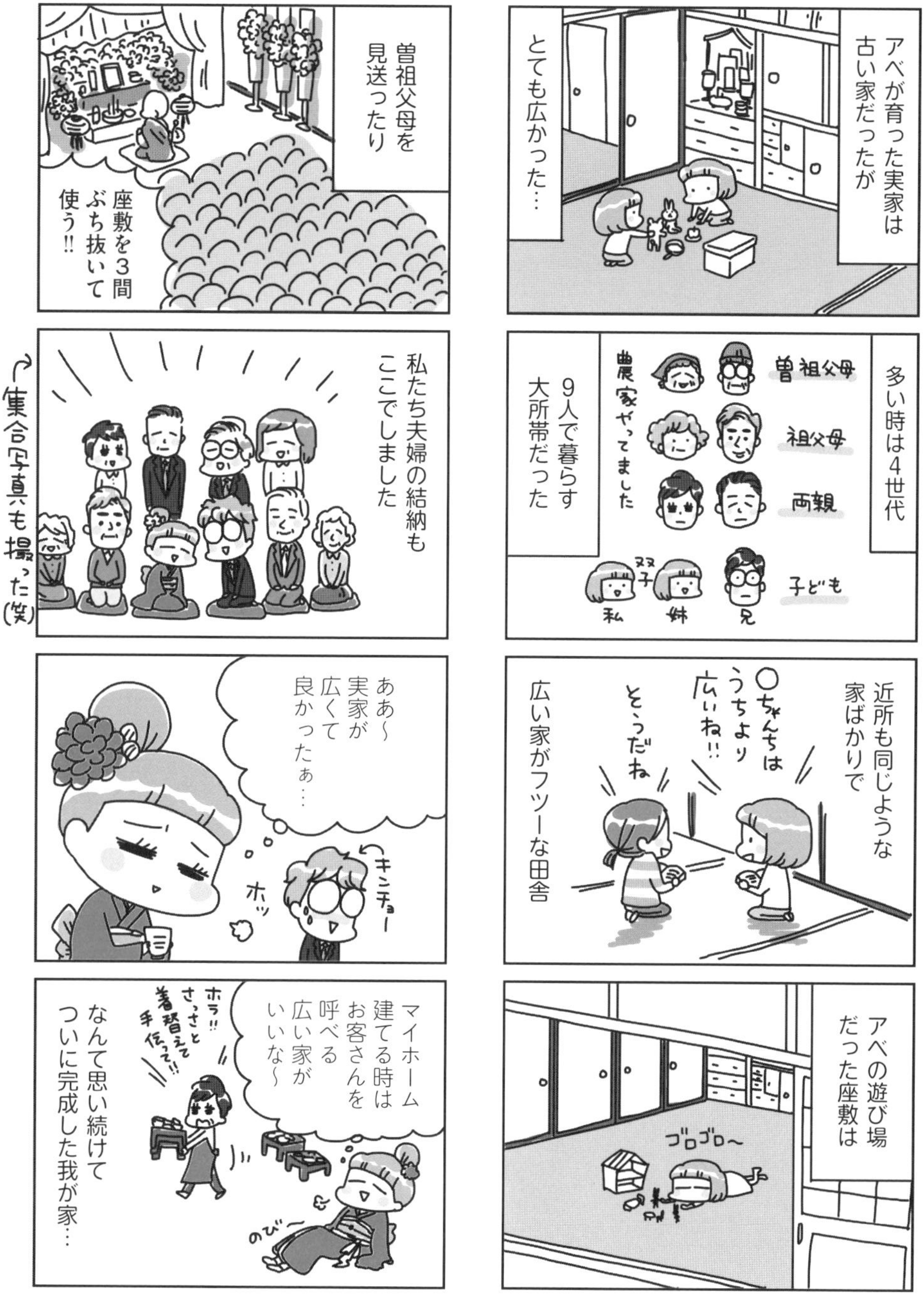
アベが育った実家は古い家だったが
とても広かった…
多い時は4世代
曽祖父母
祖父母
両親
子ども
農家やってました
双子
私
妹
兄
9人で暮らす大所帯だった
近所も同じような家ばかりで
○ちゃんちはうちより広いね!!
そうだね
広い家がフツーな田舎
アベの遊び場だった座敷は
ゴロゴロ～
曽祖父母を見送ったり
座敷を3間ぶち抜いて使う!!
私たち夫婦の結納もここでしました
集合写真も撮った(笑)
ああ～実家が広くて良かったぁ…
キンチョー
ホッ
マイホーム建てる時はお客さんを呼べる広い家がいいな～
ホラ!! さっさと着替えて手伝って!!
のび～
なんて思い続けてついに完成した我が家…

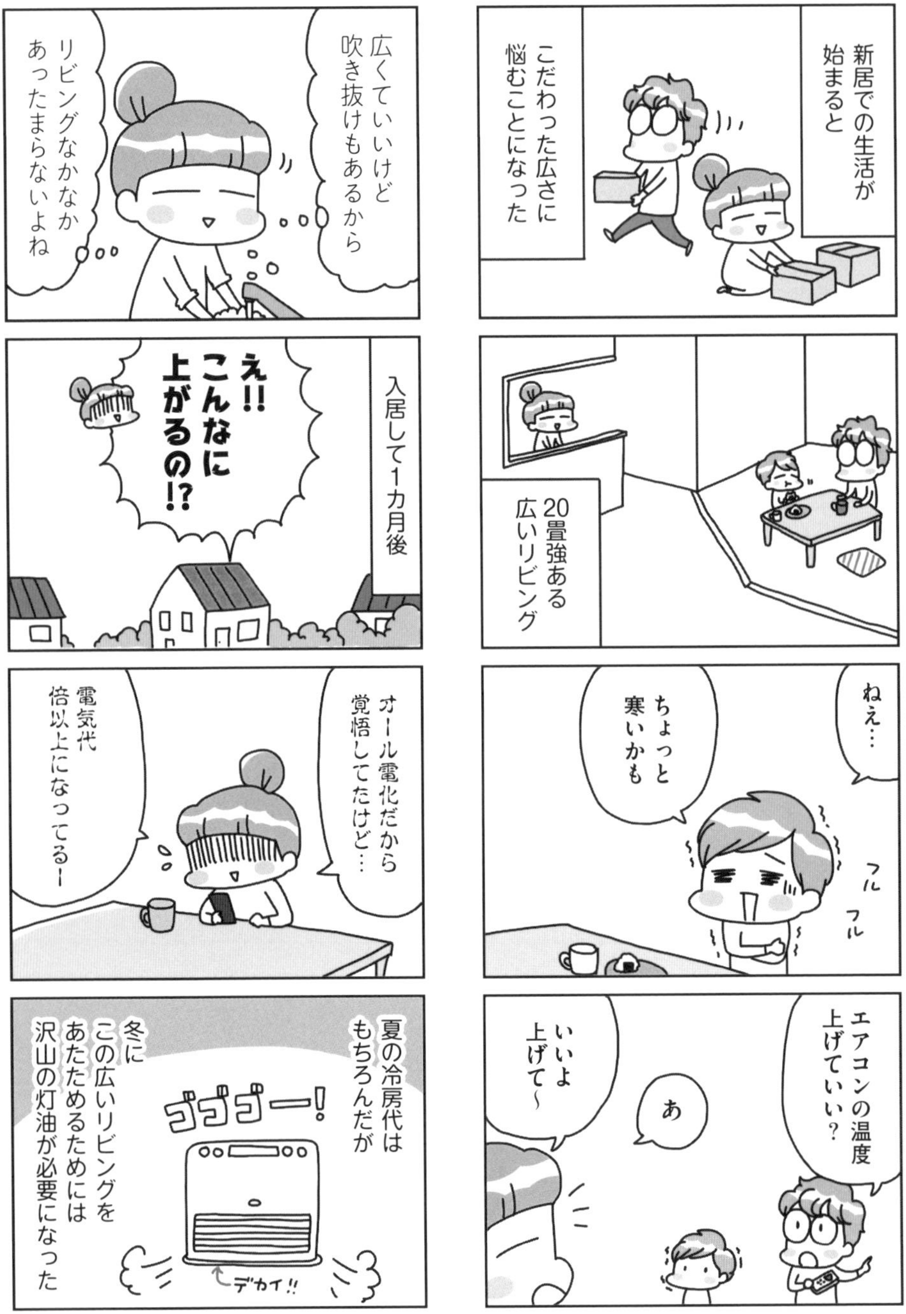

新居での生活が始まると
こだわった広さに悩むことになった
20畳強ある広いリビング
ねえ…
ちょっと寒いかも
フル
フル
エアコンの温度上げていい？
あ
いいよ上げて～
広くていいけど吹き抜けもあるから
リビングなかなかあったまらないよね
入居して1カ月後
え!! こんなに上がるの!?
オール電化だから覚悟してたけど…
電気代倍以上になってる！
夏の冷房代はもちろんだが
冬にこの広いリビングをあたためるためには沢山の灯油が必要になった
ゴゴゴー！
デカイ!!

灯油代けっこう痛いな～…
リビング広いからしょうがないかぁ～
ゴー
玄関
ゴーー
ゴー
階段
ゴー
ゴー
寝室
ゴー
そうじ機がけマジ終わんねーーー!!
広い分そうじの労力が倍増!!
せっせ
せっせ
トイレ洗面も2つにして便利にはなったけど…
トイレそうじも2倍になって地味に大変だな…
ジャーーッ
アパートの時より窓も増えた上に実家の畑が近くにあるから土ぼこりがたまる～～!!
1カ月でこんなに土とか砂たまるの!?

広くて大きい方がいいと思っていた盲点はもうひとつ…
私の住む宮城ならではかもですが…
設計の時に気にもしなかったバスルームの大きな窓
これがなんとめっちゃ寒い!!
窓からの冷気でお湯がすごいスピードで冷める!!
サーーッ
さっむ!!
脱衣所にも窓があり以下同文
さっむ
冷気〜〜
脱衣所にミニヒーター欲しくない?
コタッ
コタッ
やっぱり寒いよね
アパートの時はバスルームも脱衣所も
窓がなかったからあったかかったんだね
家建てたら何もかも快適になるかと思ってたけど
そうもいかないもんだね
入居して1年後
アンチョビ爆誕
次男が誕生した

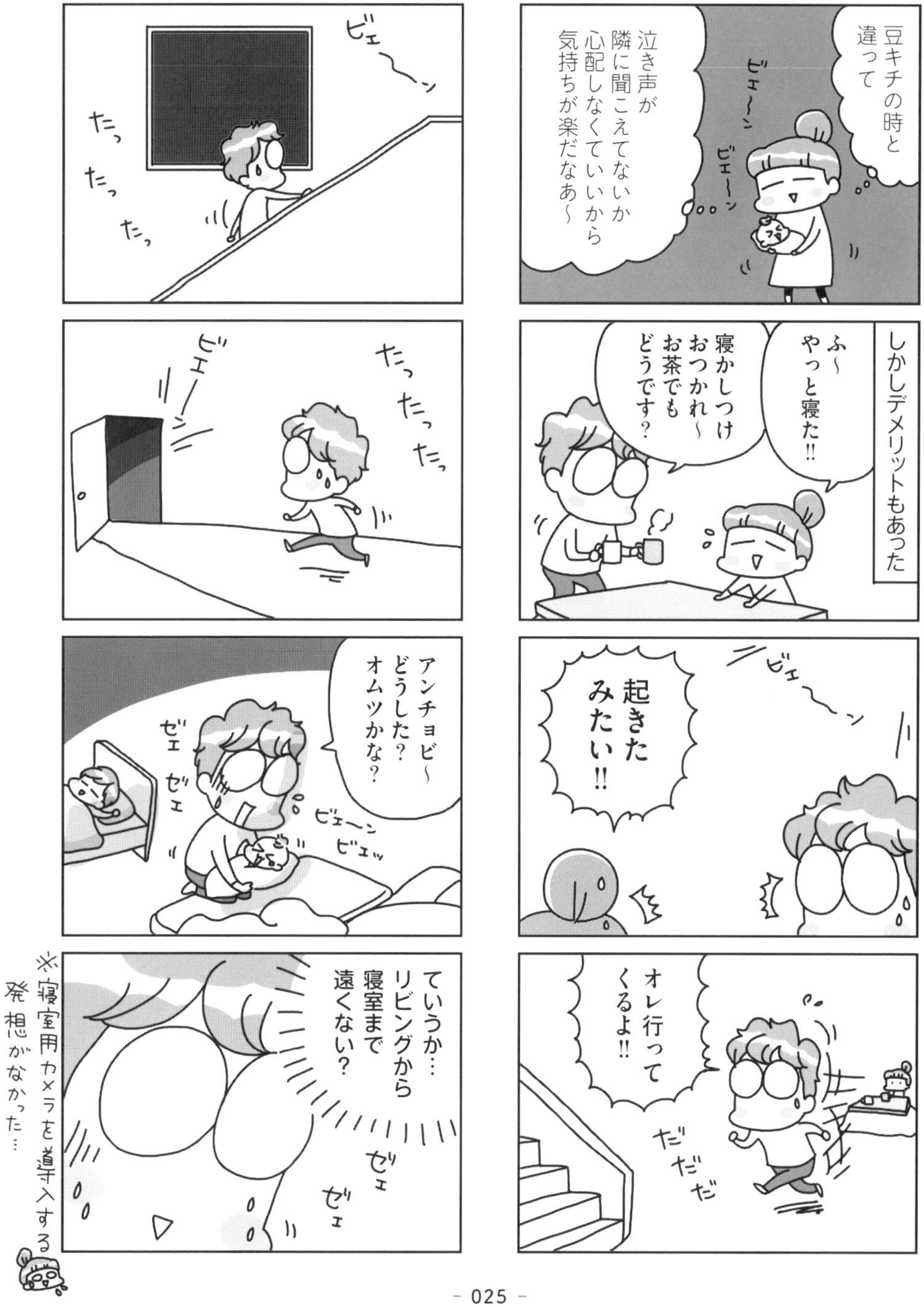

豆キチの時と違って
泣き声が隣に聞こえてないか心配しなくていいから気持ちが楽だなあ～
ビェ～ン
ビェ～ン
しかしデメリットもあった
ふ～やっと寝た!!
寝かしつけおつかれ～お茶でもどうです？
ビェ～ン
起きたみたい!!
オレ行ってくるよ!!
だだだ
ビェ～ン
たっ たっ たっ
ビエーン
たっ たっ たっ
アンチョビ～どうした？オムツかな？
ゼェ ゼェ
ビェ～ン ビエッ
ていうか…リビングから寝室まで遠くない？
ゼェ ゼェ
※寝室用カメラを導入する発想がなかった…

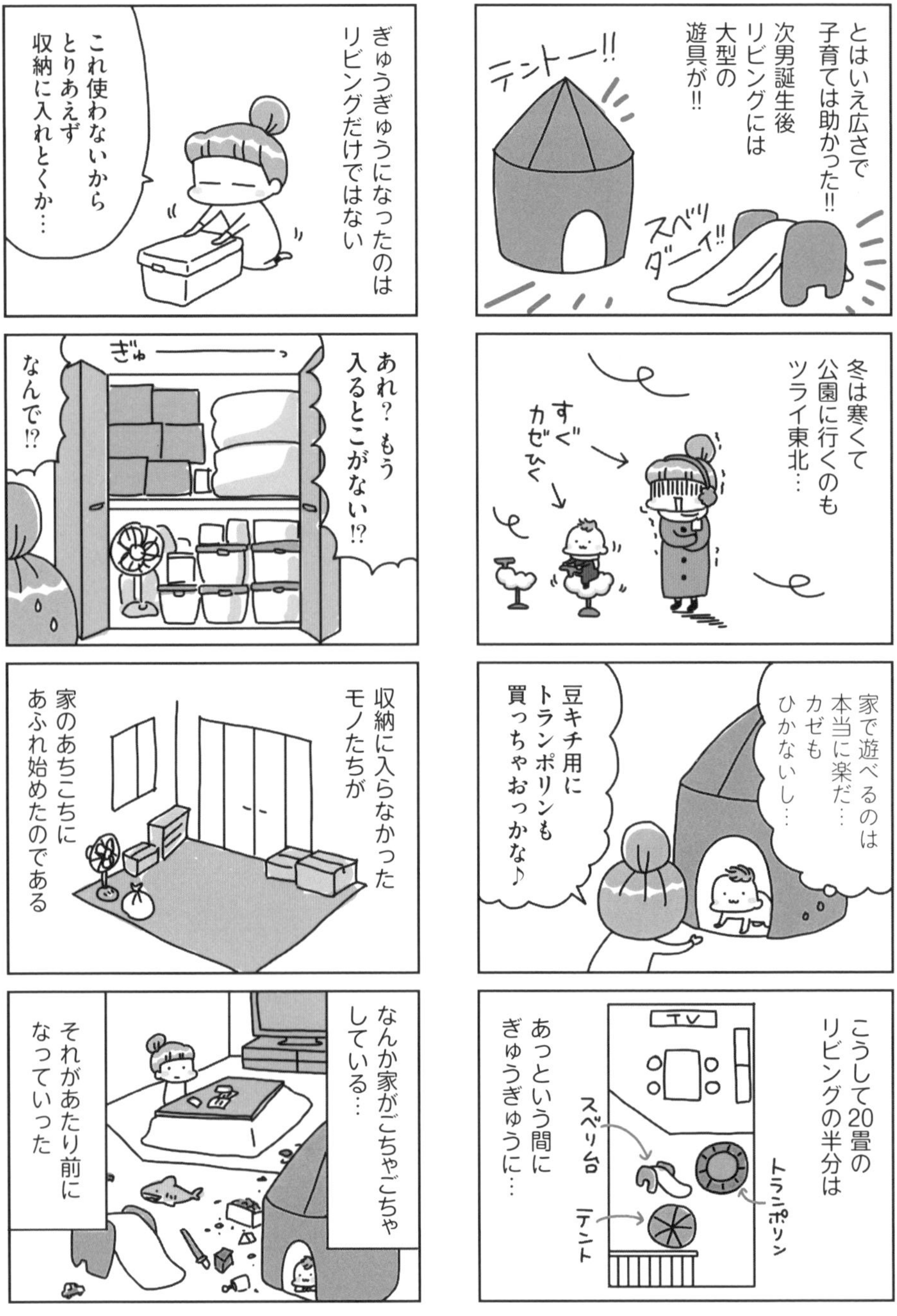
とはいえ広さで
子育ては助かった!!
次男誕生後
リビングには
大型の
遊具が!!
テントー!!
スベリダーイ!!
冬は寒くて
公園に行くのも
ツライ東北…
すぐカゼひく
家で遊べるのは
本当に楽だ…
カゼも
ひかないし…
豆キチ用に
トランポリンも
買っちゃおっかな♪
こうして20畳の
リビングの半分は
あっという間に
ぎゅうぎゅうに…
TV
スベリ台
トランポリン
テント
ぎゅうぎゅうになったのは
リビングだけではない
これ使わないから
とりあえず
収納に入れとくか…
ぎゅー
あれ? もう
入るとこがない!?
なんで!?
収納に入らなかった
モノたちが
家のあちこちに
あふれ始めたのである
なんか家がごちゃごちゃ
している…
それがあたり前に
なっていった

家が広くて
充電式クリーナーが
途中で
チカラ尽きる…
プス〜ン

3話 戸建ての現実② 賃貸じゃできない夢実現

家を建てたら
賃貸ではNGな夢
やりたいことがありました
まるでブリティッシュガーデンのような花咲く庭で…
キラキラとガーデニングを
ステキな帽子
ステキなグローブ
ステキなエプロン
楽しむこと!!
実家が純和風の庭だったからな…
夏はテラスで家族みんなでワイワイBBQ!!
広いバルコニーでプール遊び!!
とか!!
おうちできたらネコほしいなー
そうだね〜
ペットがいる生活もしてみたいよね〜♡
今までアパートでNGだったもんね

そんな我が家に
ニャーーーッ
(あけてー)
毎日来る
ノラ猫が勝手に住み始める
いつの間にか家族に溶けこんで
シロ!!
シロ!!
名前がついた
ネコのいる生活は
スヤスヤ
ゴロゴロ
とっても仲良し
とても尊いものだった
が…
ガリガリ
バーリバリ
シロは壁紙でツメとぎをするネコだった
あ〜も〜この壁紙すごく気に入ってたのにー
一生モノの傷が〜〜…
ゴロゴロ
これが賃貸だったら…
なでなで
ま…引っ越したら張り替えるんだしまいっか!!ってなるのに…
家の外もいろいろあった
まず6畳もあるバルコニー
入居して数年…
ほぼ足を踏み入れていないのです
ながめるだけ

洗濯物は
ランドリールームに
部屋干しだし…
もしも使うとしたら
大洪水で孤立した時
ヘリコプターで
救助される時かな…
助けて!!
お庭でBBQが
できるように
リビングの外に作った
ルーフ付きテラス
入居してすぐ
七輪でミニBBQを
したくらいで…
ジュ〜
ビンゴ大会で当てたミニ七輪
よく考えたら
私たち夫婦って
超が付くインドア派
家ができたら
自然にやると
思ってたけど
単なる思い込み!?
それなりに
お金かかってる
と言うのに!!
作った私たちには
不人気だった
テラス屋根は
ハチには人気物件!!
ブーン
ブーン
毎年のように夫が
ハチと戦うはめに
なってしまった
ブシュー

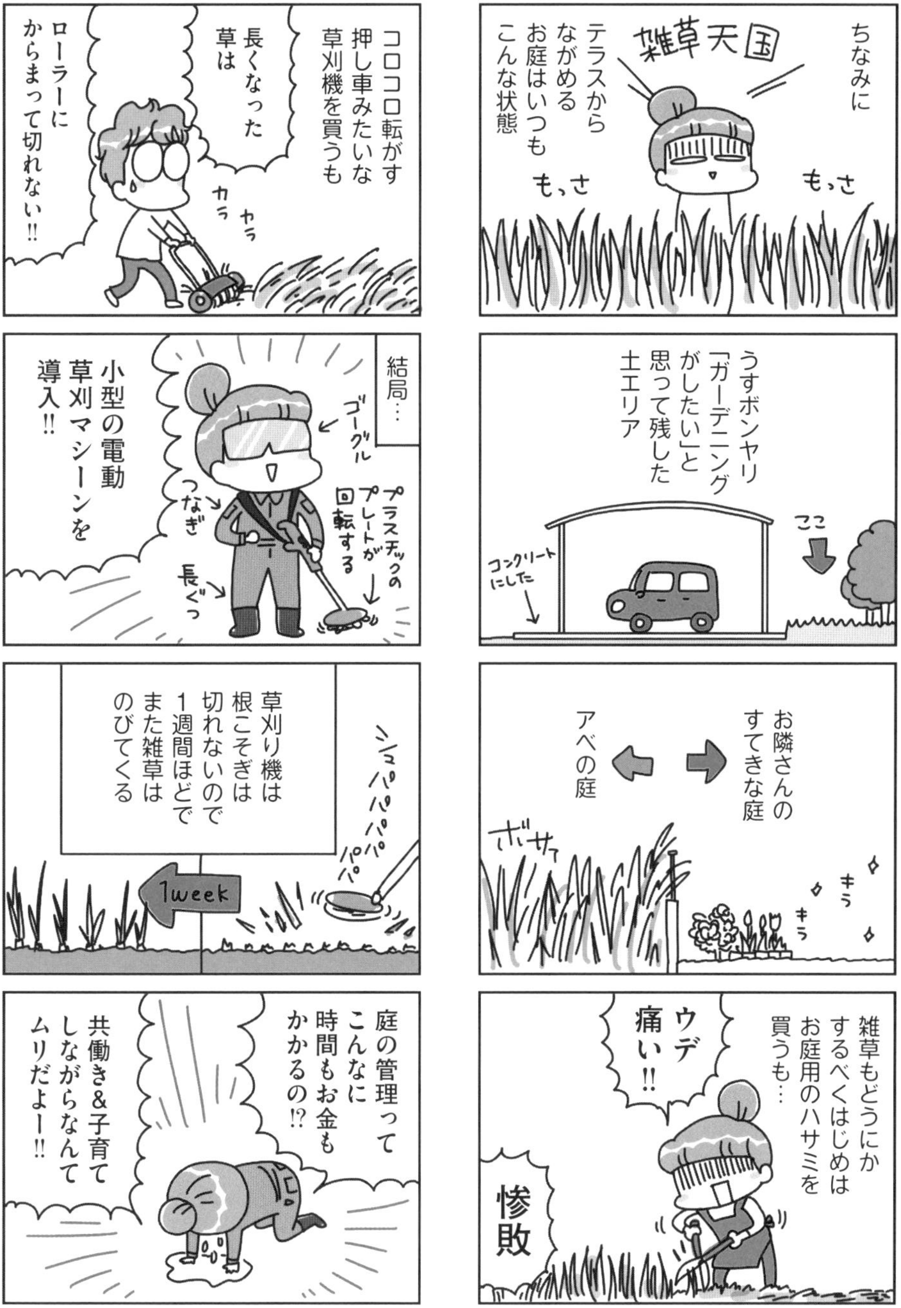
ちなみに
雑草天国
テラスからながめるお庭はいつもこんな状態
もっさ
もっさ
うすボンヤリ「ガーデニングがしたい」と思って残した土エリア
ここ
コンクリートにした
お隣さんのすてきな庭
アベの庭
ボサッ
キラ
キラ
雑草もどうにかするべくはじめはお庭用のハサミを買うも…
ウデ痛い!!
惨敗
コロコロ転がす押し車みたいな草刈機を買うも
長くなった草は
ローラーにからまって切れない!!
カラ
カラ
結局…
小型の電動草刈マシーンを導入!!
ゴーグル
つなぎ
プラスチックのプレートが回転する
長ぐつ
草刈り機は根こそぎは切れないので1週間ほどでまた雑草はのびてくる
シュパパパパパ
1week
庭の管理ってこんなに時間もお金もかかるの!?
共働き&子育てしながらなんてムリだよー!!

極めつけは
桜の木!!
友人宅の新築祝いに行った時に
わ～～!! 桜が満開!!
うちインドア派だから家からお花見したくて
いいな～と思い導入しましたが…
毎年毛虫が
ヤッホ
大量発生!!
※かわいくしてますがアメリカシロヒトリです
桜の木の葉っぱを丸っと食べるほどなので
ハゲ ハゲ
ごちそうさま
殺虫剤は何本あってもたりないほど(涙)
何百匹単位でいる
いやぁ…今年も毛虫対策と雑草対策にお金かかったね～
ハチ用の殺虫剤も高いのよ～
ホントに…
ポチ ポチ
前のアパートの時小さいお庭あったのに全然お金かかってなかったよね?
いつもキレイだった
あれはさ毎月業者さんが手入れをしてくれてたんだよ!!
せっせ せっせ
そうだったの?知らなかった!!
毎月数千円の管理費のおかげで
あんなにキレイだったってスゴくない!?

そういえばアパートの庭でナメクジが大発生したことあってね
ギャーなにコレ!!
木にも玄関前にも!!
たまたま清掃の人が来てたから
スミマセンこのナメクジどうにかなりませんか?
あっ!!わかりました
駆除しておきますね
駆除もしてくれたの!?
ぐっ
しかも共有エリアも清掃してくれてたってことでしょ!?
サッ
サッ
サッ
たしかにいつもキレイにしてくれてたね
今の我が家で業者さんにお願いしてたら数千円でできないよね～～
そうだね1日で1万円以上はするね…
カチカチ
管理費を入居者みんなで支払ってたから
業者さん
大家(管理会社
1世帯数千円で済んでたってことね
見方を変えれば管理費って
家事代行のサブスクだった?
ハッ
そうかも!!サブスクだ!!
賃貸って毎月の管理費がもったいないってよく言うけど
我が家にはありがたいサービスだったんだね…
ひーん

シロ!!こっち!!
シロ!! こっち!!
シロ!! あそぼ!!

4話 町内会とご近所づきあい

引っ越し作業してた頃
ピンポーン
町内会の班長やってる○○です
町内会の人が来た
この入会の紙に住所と名前書いてもらって…
こっちは会費の案内ね
え…あの…
町内会って入らないとダメですか？
なーに言ってるの!!
なんだべ ダメだっちゃ だれ～
入るに決まってるじゃなーーい!!
入らないとゴミ捨て場も使えないのよ
あそこは町内会で管理してるの
ゔっ
ニャーン
それは困る…
じゃあ入会で…
あらよかったー
よろしくね～!!
引っ越してきたばっかりで申し訳ないんだけど
再来年班長さんの順番回ってくるからお願いね!!
え!? 班長!?
ゴミ捨て場のためとはいえ…2年後班長かぁ～
パタン
ニャー

引っ越してはじめてのゴミの日…
町内会には入ったからゴミ捨てて大丈夫!!
わかった!!
で…どこに捨てるの?
寝起き
ゴミ捨て担当
この道路わたって…左に曲がってこの家の向かい
けっこう…
遠いな…
うん うん
あと…申し訳ないんだけど…
モジ モジ
軽く着替えたり身だしなみ整えて行って…
え!? アパートの時はこの部屋着で
髪ボサボサ
ヒゲ
10年近く着用のトレーナー
ゴムゆるゆるのジャージ
ゴミ捨て行ってたよ!?
いや…アパートの時はさ 敷地内だったからさ…
アパート
ここ
アベの実家の近くに引っ越した今夫には
え!? ナニ!?
アベさんちの娘さんのムコさん
レッテルがはられている!!
夫からすれば知ってる人なんていない場所だけど
夫を知ってる人は近所にいっぱいいるんだよ!!

15分後
これで
いいかな？
OK
←シャワー済
←ヨレてない服
ぴしっ
いってきます!!
夫よ…スマンネ…
私の地元に家を
建てたばかりに…
バタン!!
戻ってきたアベさんちの娘さん
←私のレッテル
引っ越した日から
近所での匿名性が
完全に消滅した
アベさんちの
下の娘さんだ
家建てたんだべ？
ナオちゃんだっちゃ
あ!! 同級生の
ナオミちゃんだ
田舎あるあるだが
歩いている人は
すごく
目立つ!!
歩いてる人だ!!
歩いてる…
今日は天気いいし
歩いていくか!!
てく てく
歩いて
コンビニ行ったなら…
昨日コンビニ近く
歩いてたね～!!
車なんかしたの？
翌日こんな
ことになるのは
ザラである
いや…
歩いた
だけ…
赤ちゃんも大きく
なってきたわね～
そろそろ
ハイハイする？
子の成長を
見守ってくれる
人が多くなって
嬉しい反面
いつも見られて
いるのか…
もう少しって
感じで～
近所の人に
歩いてる姿を
見られたくなくて
すぐそこの
コンビニでも
車で行く
ようになった
24
コンビニ
ブーーン

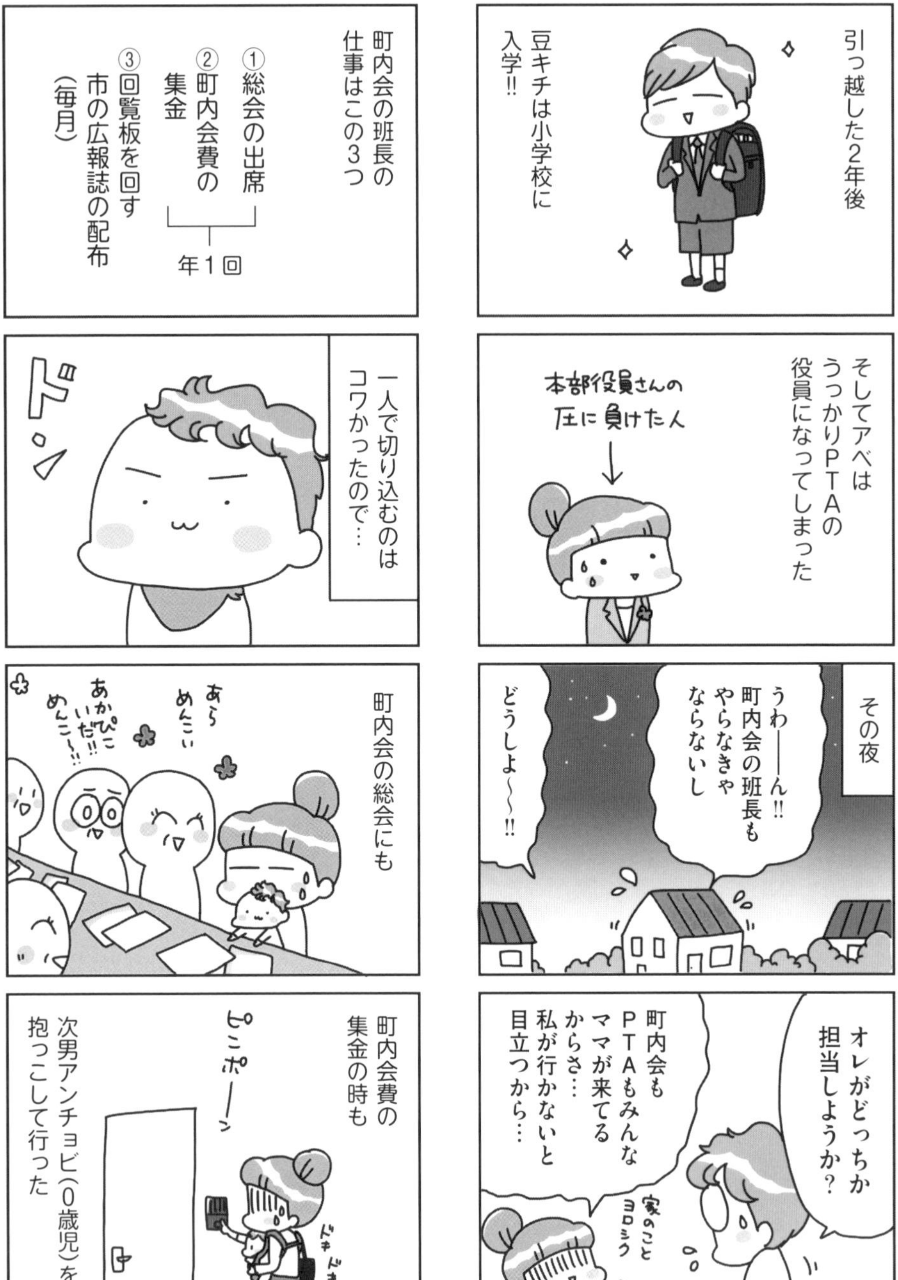
引っ越した2年後
豆キチは小学校に入学!!
そしてアベはうっかりPTAの役員になってしまった
本部役員さんの圧に負けた人
その夜
うわ――ん!! 町内会の班長もやらなきゃならないし
どうしよ~~!!
オレがどっちか担当しようか?
町内会もPTAもみんなママが来てるからさ… 私が行かないと目立つから…
家のことヨロシク
町内会の班長の仕事はこの3つ
①総会の出席
②町内会費の集金
年1回
③回覧板を回す 市の広報誌の配布(毎月)
一人で切り込むのはコワかったので…
ドン
町内会の総会にも
あら めんこい
あかぴこいだ!! めんこ~!!
町内会費の集金の時も
ピンポーン
ドキドキ
次男アンチョビ(0歳児)を抱っこして行った

集金なんですが…
あ…集金…
キュルルン
好感度100％の男
赤ちゃんと一緒は大変ね!!
お金すぐ用意するからちょっと待ってて
助かります
年6回のPTAも
キュルルン
アンチョビと役員会に出席して
かわいい～
いやし～
乗り切ったのだった
は～終わった
もう20時だ
スピー
スピー
ねちゃった!! 遅くまでゴメンネ アンチョビ!!
小学校の役員会は平日の夜19時
ワーママのためにこの時間になったらしいけど…
PTA会長と小学校の校長先生教頭先生以外はみんなママ
今時ママもみんな忙しいのに…パパはみんなどこへ?

小学校とか地域と関わるのってつかれるなー
PTAは小学校に通う間はしょうがないけど…
あのままアパートに住んでたら町内会のことって悩まずに済んだのかな
とある日
ん?
なんだコレ?
ゴミ捨て場の当番も回ってくるのか!?
1週間ずつ清掃するよう書いてあり
○○町内会 ○班 ゴミ収集所 そうじ記録
でろん
日付と名前を書いて回すノート
これもアパートの頃は業者さんがやってくれてたよね〜…
そうだよね管理費って偉大だったね
てか地元なのに全然町内会のことって知らなかったんだな…
ゴロゴロ
家建てる時住む予定の市町村のHPとかは見られるけど
自治会や町内会って情報ほぼなくない?
○○市公式
○○町ホームページ

きっと得意な人がたまたまいて
町内会ブログやSNSで発信してる場合もあるけど…
更新が何年もストップしてるなんてザラ
○○町内会ブログ
もちつき大会
最後の投稿が10年前だったり
住宅を買う時にまず住みたいエリアを決めて土地を探すわけでしょ?
小学校が近いか?
駅まで何分?
スーパーはある?
災害リスク
治安は?
希望の土地なんてそう簡単に見つからないから
近い条件の土地があったらすぐ買うじゃん
売地
住宅メーカー決めて
銀行でローン借りて
家ができたらいろんな手続きして引っ越して
住宅ローン
○○住宅
○○ハウス
○×ホーム
頭のすみっこで町内会とかあるだろうなと思ってても今目の前にある家のこととか引っ越しのことで頭いっぱい
あ!! 引っ越し業者に見積りとらないと
この地区の町内会に限ったことじゃないけどさ引っ越してはじめて中身を知ることになるじゃん…
防災係
行事
班長
回覧板
夏まつり
ルール
町内会費
マイホームって多くの人にとって人生最大の買い物だけどさ
うん
うん
町内会ってなかなかのシークレットガチャ感あるよね
たしかに!!
中身見えないヤツ…

もっと知りたい家のこと①

人によってはまさかのデメリットに？
戸建て物件 事前チェックリスト

広くて大きな庭つきの家は、楽しいこともたくさんある反面、メンテナンスに時間と手間とお金がかかります（真顔）。例えば60㎡のマンションから120㎡の戸建てに移り住んだら。子どもが出す騒音にも鷹揚《おうよう》に構えられ、ひとりでボーっとできる空間も確保できる反面、単純計算でも掃除の時間は2倍、ですね。さらに庭・テラス・駐車場の掃除も加算されるようになります。

そう、夢の戸建て物件にはもれなく、「維持管理」という現実がついてきます。清掃、修繕、業者の手配と交渉、その度に請求される費用負担。住んでみてわかった現実をリストアップしてみました。

夢 広々として大きなおウチ♡

現実
- □洗濯掃除などの家事動線、子どもの世話動線が長くなる
- □突発的な大出費となる修繕費用の捻出

夢 花咲く広い庭でガーデニング♡

現実
- □常に雑草との闘い
- □秋は落ち葉掃除に追われる
- □害虫（蚊・蜂・毛虫）駆除
- □害獣（カラス・猫・ねずみ）駆除

え!! 穴だらけ!?
ウチの庭にはモグラが出たことあります…

夢 リビングから出られるルーフテラスでバーベキュー♡

現実 □ハチが巣を作る
□すぐに汚れるテラスデッキ

夢 開放感たっぷりの吹き抜け空間♡

現実 □夏は暑く冬は寒く光熱費は倍増
□手が届かないホコリ掃除どうする

夢 自然光あふれるたくさんの大きな窓♡

現実 □夏は暑く冬は寒く光熱費は倍増
□すぐに汚れる、さらに汚れが目立つ □手が届かない上部の窓掃除どうする

夢 子育てしやすいのどかな土地♡

現実 □事前リサーチではわかりにくい自治体(町内会)の実態
□町内会に入らないとゴミが捨てられない場合も
□近隣に木々が多いと、大量の落ち葉掃除・害虫被害などが

街の雰囲気や自治体の運営なども、暮らしに直結します。昼間だけではなく夜間も周辺を見学してみて、「街頭は明るいか」「人通りは多いか」などを確認しておきましょう。

なんか…
目線を感じる…

【第2章】広い分散らかる我が家をなんとかしたい

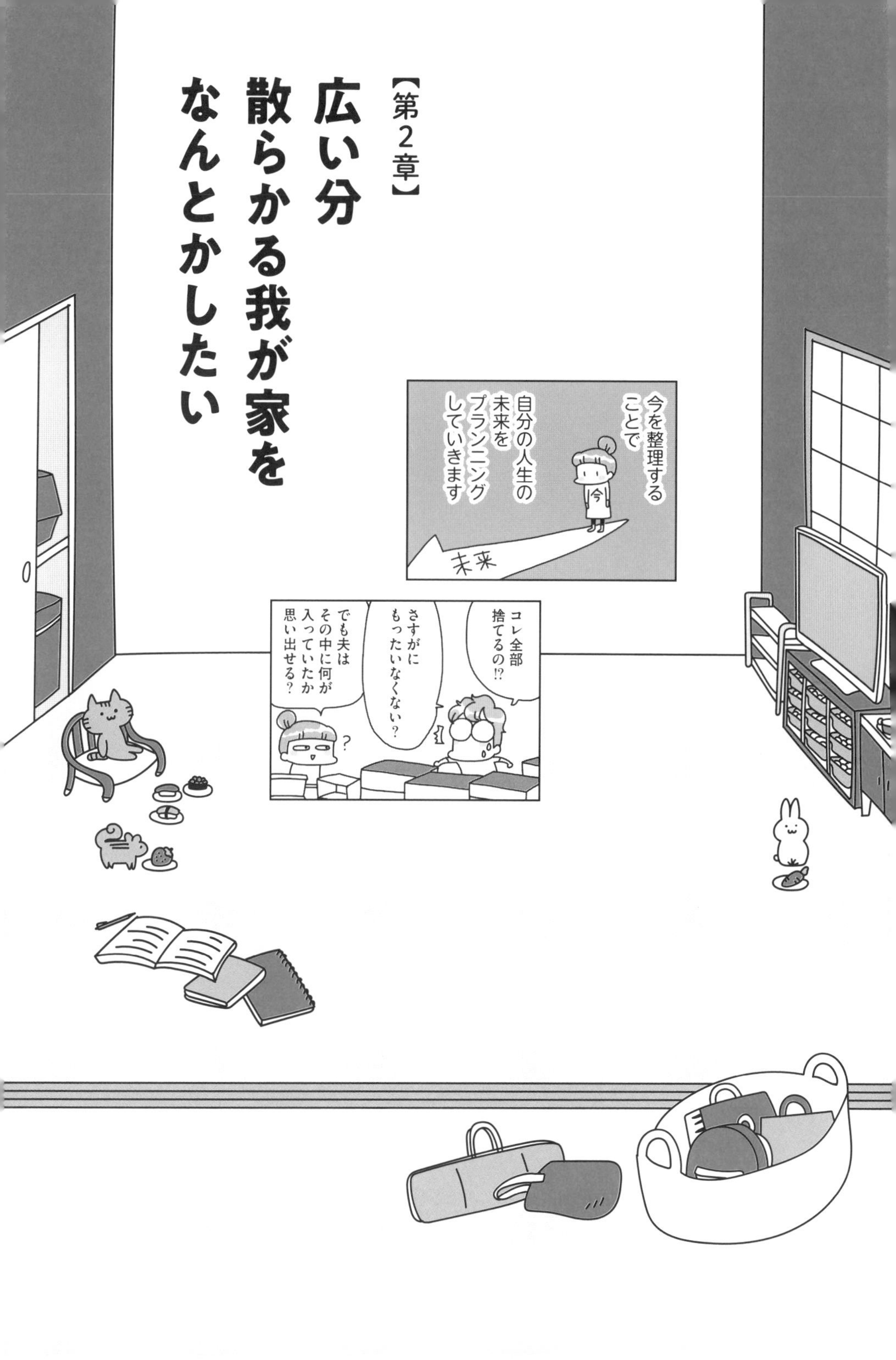
今を整理することで
自分の人生の未来をプランニングしていきます
今
未来
コレ全部捨てるの!?
さすがにもったいなくない?
でも夫はその中に何が入っていたか思い出せる?
?

5話 実家の整理で感じた将来への不安

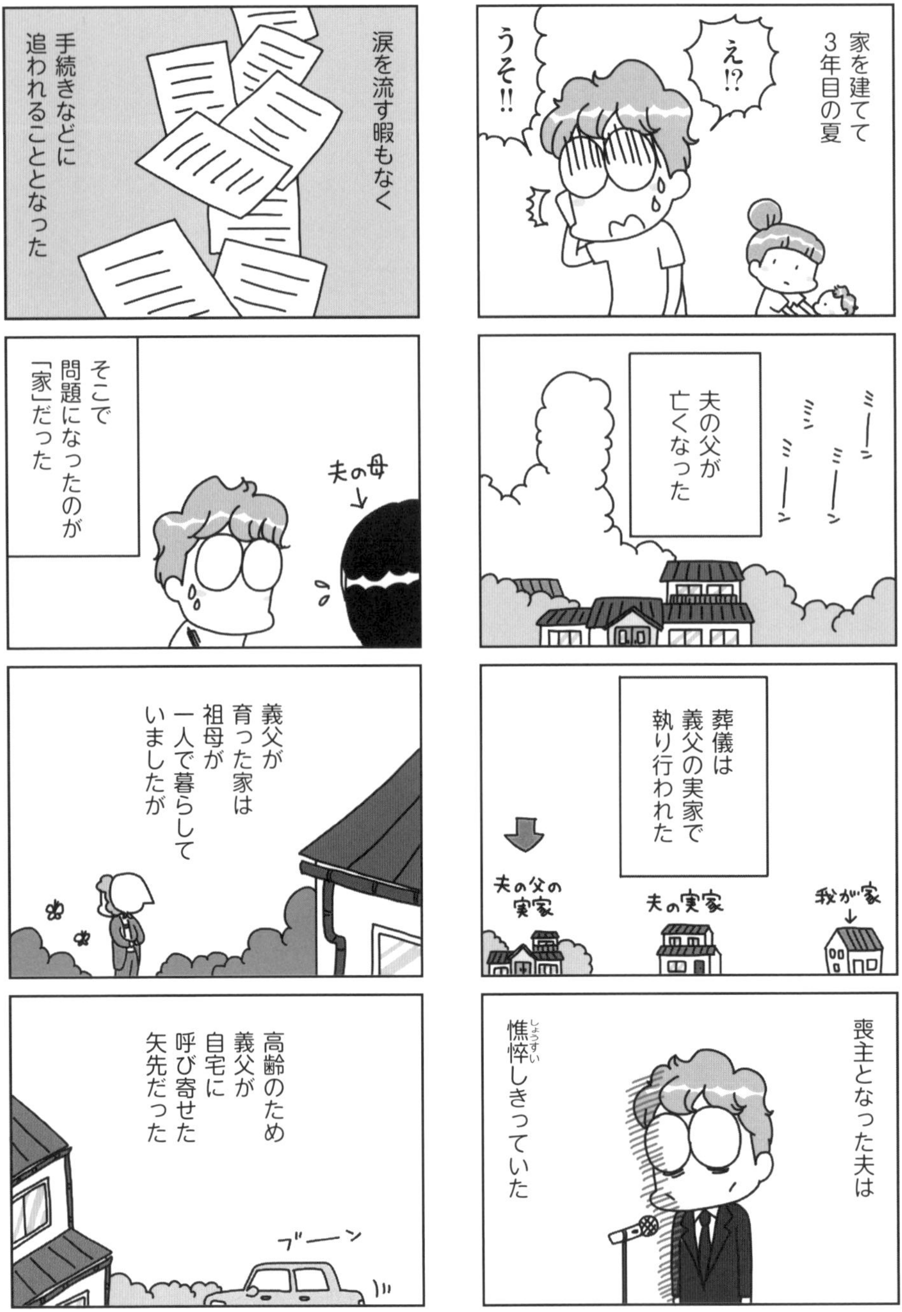
家を建てて3年目の夏
え!?
うそ!!
ミーン
ミーン
ミーン
夫の父が亡くなった
葬儀は義父の実家で執り行われた
夫の父の実家
夫の実家
我が家
喪主となった夫は
憔悴《しょうすい》しきっていた
涙を流す暇もなく
手続きなどに追われることとなった
そこで問題になったのが「家」だった
夫の母
義父が育った家は祖母が一人で暮らしていましたが
高齢のため義父が自宅に呼び寄せた矢先だった
ブーン

老後は田舎の実家でのんびり暮らしたいんだ
←義父
なんて言っていたので祖母宅は義父が相続する予定だった
葬儀の後のバタバタでとりいそぎ夫が相続
ドン
将来住むこともない遠方の家の固定資産税やメンテナンス
家を残されるって大変なんだな…
オレはあの家にお父さんほど思い入れがないし…
田舎だから売れないかも
売ったり取り壊したりしようかな…
そうなったら土地だけにするしか…
なんて言っていたら
思い出の家は残したい!!
近くに住む親せきが引き取ることになりました
ちょっと手続きに行ってくるわ
……
私たち夫婦が亡くなった時
この家ってどうなるんだろ…

家も大変だけど
遺品整理も
大変なんだよな…
すごく古そうな
白黒写真
だけど…
これは
だれだろう?
まったく
わからん…
母
アベは実家で
曽祖父母・祖父の
遺品整理を
手伝ったことがある
着物だ!!
小さいな〜!!
ひいばあちゃん
小柄だから
小さくて
だれも
着られないよ!!
アベ母
処分するしかない「モノ」たち
故人の「モノ」は
とても捨てづらい
もえるゴミ
世代をまたぐと
「モノ」はとても
捨てにくい
ゴソッ
曽祖父は
明治生まれ
曽祖母は
大正生まれ
遺品の中には
歴史を感じる
「モノ」が多い
捨てて良いのか
聞く相手も
いない
ツライ
作業だ

まるで
ひいおばあちゃんの
人生そのものを
捨てているようだった
ちょっと
お茶に
しようか!!
そうだね!!
台所で
コーヒー入れて
くるね〜
遺品の片付け…
私はあと
何回やるんだろう
この家は将来
トポ
トポ
どうなるんだろう…
なーんて当時は
思っていたけど…
実家どころか
自分の建てた
家の行く末を
考えないと
いけないのかも
子どもが将来
結婚したとしても
よち
よち
同居はもちろん
望んでないし…
子どもたちに
実家を作って
あげられた!!
ハナタカダカ〜♡
ありがたいだろう!!
なんて思ってたけど
数十年後…
ふう…
なんとか
片付けは
終わったな
豆キチ
兄貴
おつかれ〜
アンチョビ
※アベの妄想です

で？
この家は？
アンチョビ
どうする？
豆キチ
うーん
オレもアンチョビもそれぞれ家庭も家もあるし
この家に住むことはないよな～
売る？
ボロッ
設備も古くなってリフォームしないと使えないし
家残されても困ったもんだよな～
ハァ
……
んなこと言っても
もう家建てちゃったし!!
ブン
ブン
せめて…将来少しでも子どもたちへの負担にならない方法を考えなくちゃ!!
アベ
考える
数カ月後
ここは東京渋谷
アベはブロガーの交流イベントに出席していた
わい
わい

偶然にも3人のミニマリストブロガーさんと同じ席になり
わぃ わぃ
その生活ぶりに衝撃を受けた
ミニマリストハウス
床には何もな〜い!!
モノが少なくても生活できるなんて考えたこともなかった…
それに比べてウチは
The ものだらけ〜
ゴチャ〜
ミニマリストとは程遠いモノの量だ
せめて…子どものためにもモノの量を減らしたい!!
ミニマムな生活のリサーチをしていると…
ん? 生前整理のセミナー?
終活みたいな感じ?
遺影はこれよ!!
さすがに私には早い?
いや…でも…
何か心惹かれる感じ…
え――い!! 申し込んじゃえ〜!!
ポチッ
この後アベの人生はがらりと変わるのでした

6話 生前整理セミナーで理想の暮らしが見えた

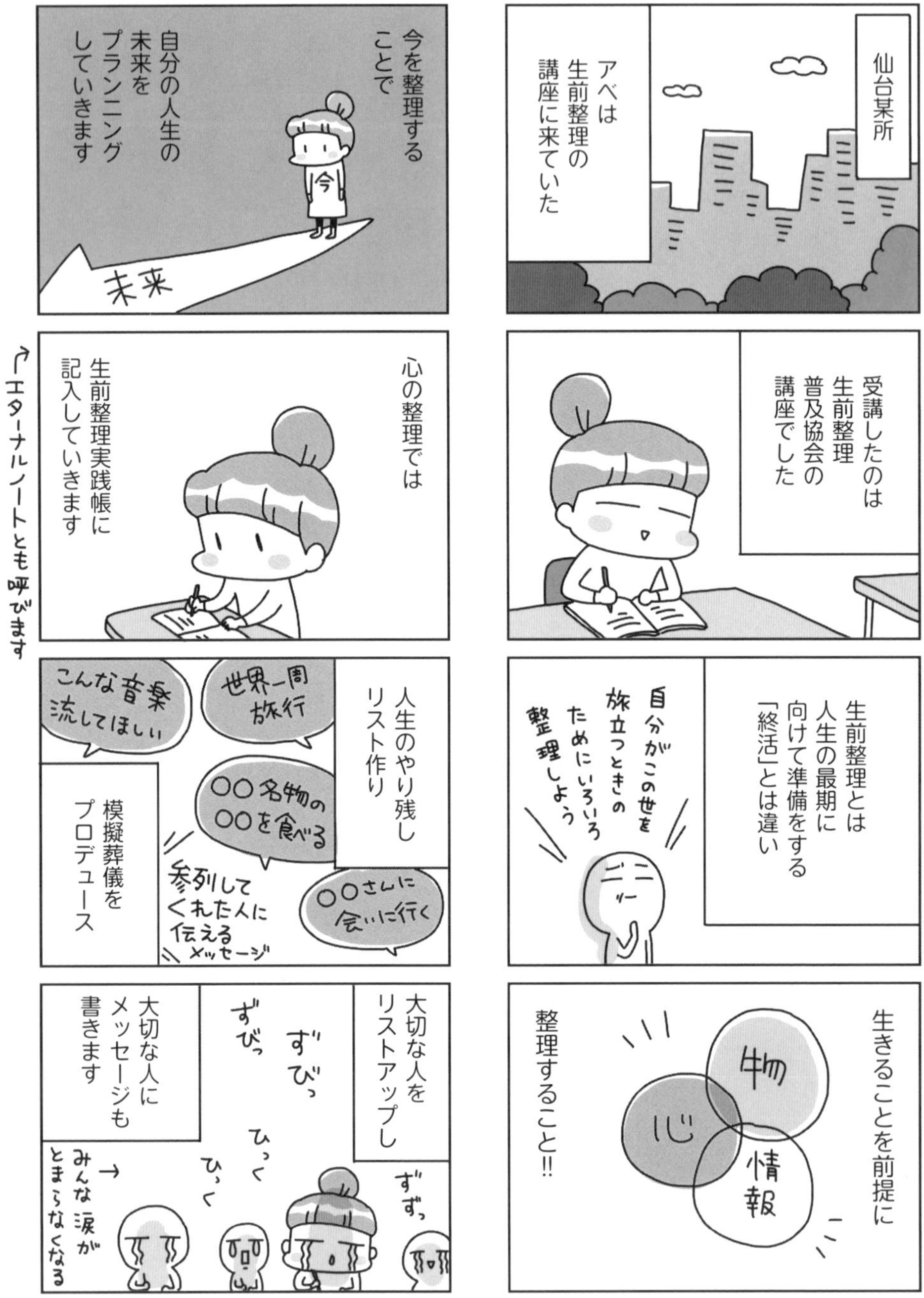

仙台某所
アベは生前整理の講座に来ていた
今を整理することで
自分の人生の未来をプランニングしていきます
今
未来
受講したのは生前整理普及協会の講座でした
心の整理では
生前整理実践帳に記入していきます
↱エターナルノートとも呼びます
生前整理とは人生の最期に向けて準備をする「終活」とは違い
自分がこの世を旅立つときのためにいろいろ整理しよう
人生のやり残しリスト作り
世界一周旅行
こんな音楽流してほしい
○○名物の○○を食べる
模擬葬儀をプロデュース
参列してくれた人に伝えるメッセージ
○○さんに会いに行く
生きることを前提に
整理すること!!
物
心
情報
大切な人をリストアップし
大切な人にメッセージも書きます
ずびっ
ずびっ
ひっく
ひっく
ずずっ
みんな涙がとまらなくなる→

生前整理普及協会 https://seizenseiri.net

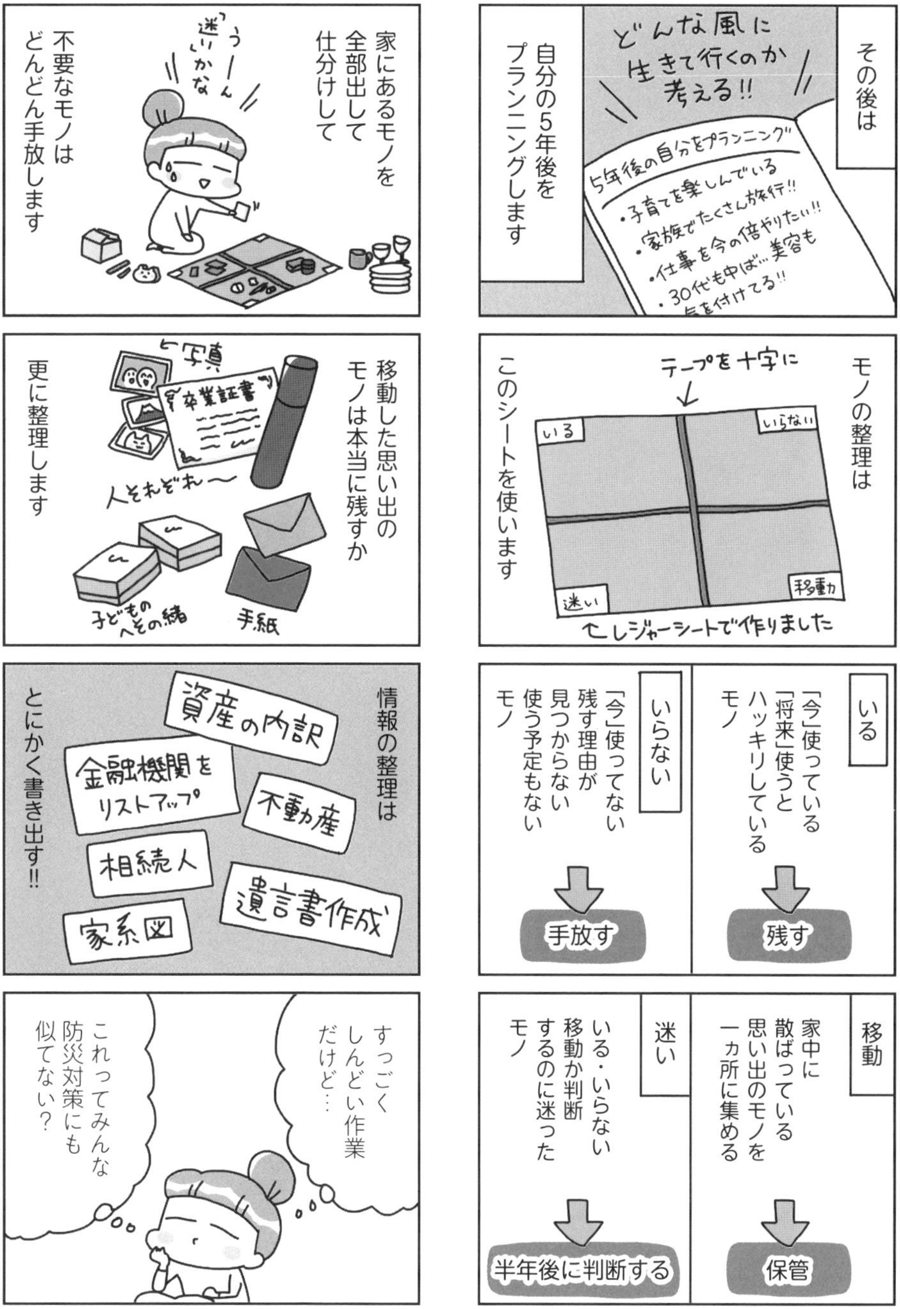
その後は
自分の5年後をプランニングします
どんな風に生きて行くのか考える!!
5年後の自分をプランニング
・子育てを楽しんでいる
・家族でたくさん旅行!!
・仕事を今の倍やりたい!!
・30代も中ば…美容も気を付けてる!!
モノの整理は
このシートを使います
テープを十字に
いる
いらない
迷い
移動
レジャーシートで作りました
いる
「今」使っている
「将来」使うとハッキリしているモノ
残す
いらない
「今」使ってない
残す理由が見つからない
使う予定もないモノ
手放す
移動
家中に散ばっている思い出のモノを一ヵ所に集める
保管
迷い
いる・いらない移動か判断するのに迷ったモノ
半年後に判断する
家にあるモノを全部出して仕分けして
うーん
迷いかな
不要なモノはどんどん手放します
移動した思い出のモノは本当に残すか
更に整理します
写真
卒業証書
人それぞれ〜
子どものへその緒
手紙
情報の整理は
とにかく書き出す!!
資産の内訳
金融機関をリストアップ
不動産
相続人
遺言書作成
家系図
すっごくしんどい作業だけど…
これってみんな防災対策にも似てない?

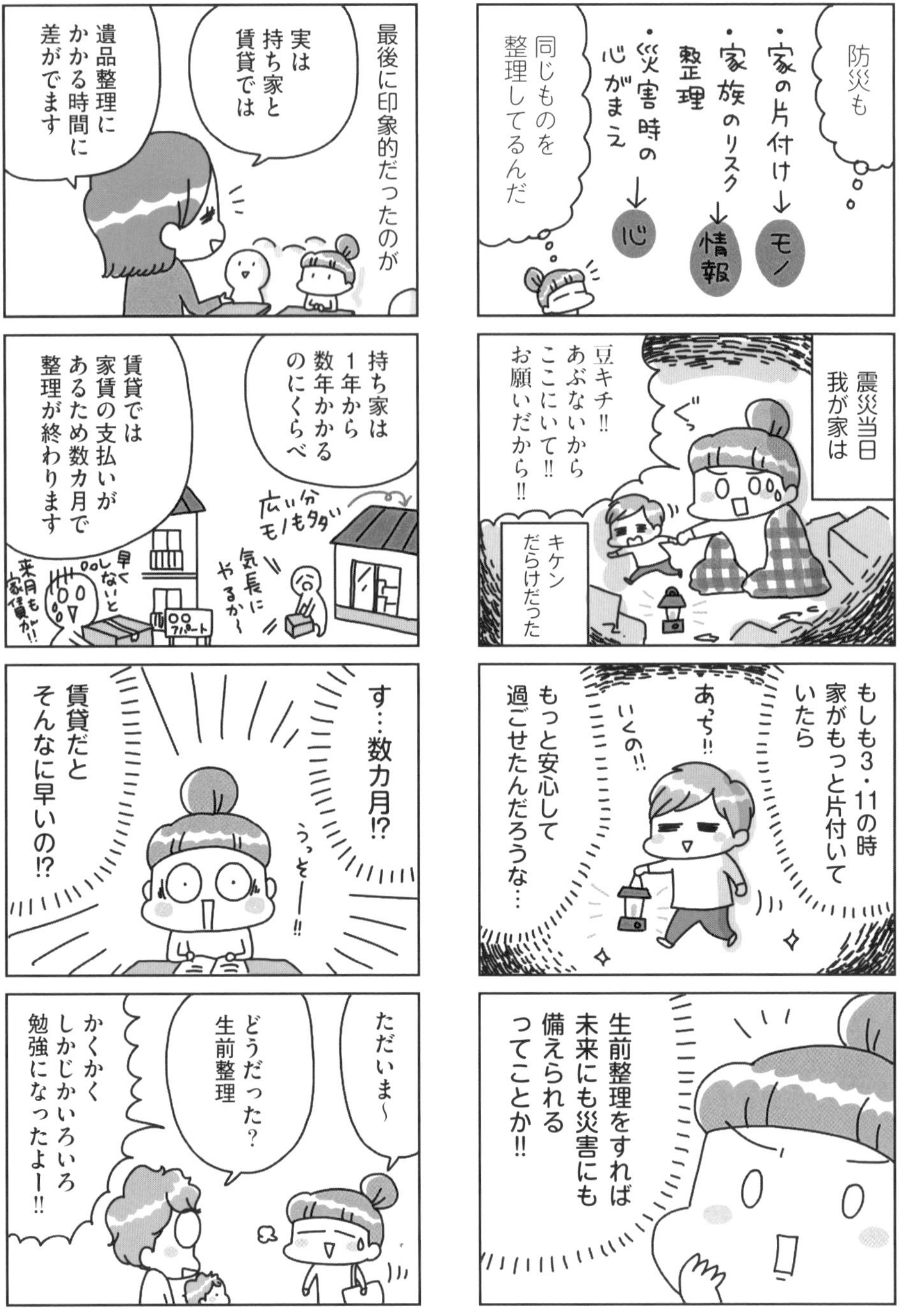
防災も
・家の片付け→モノ
・家族のリスク整理→情報
・災害時の心がまえ→心
同じものを整理してるんだ
震災当日我が家は
ぐっ
豆キチ!! あぶないからここにいて!! お願いだから!!
キケンだらけだった
もしも3・11の時家がもっと片付いていたら
あっち!!
いくの!!
もっと安心して過ごせたんだろうな…
生前整理をすれば未来にも災害にも備えられるってことか!!
最後に印象的だったのが
実は持ち家と賃貸では
遺品整理にかかる時間に差がでます
持ち家は1年から数年かかるのにくらべ
賃貸では家賃の支払いがあるため数カ月で整理が終わります
広い分モノも多い
気長にやるか〜
早くしないと
来月も家賃か!!
アパート
す…数カ月!?
うっそー!!
賃貸だとそんなに早いの!?
ただいま〜
どうだった?生前整理
かくかくしかじかいろいろ勉強になったよー!!

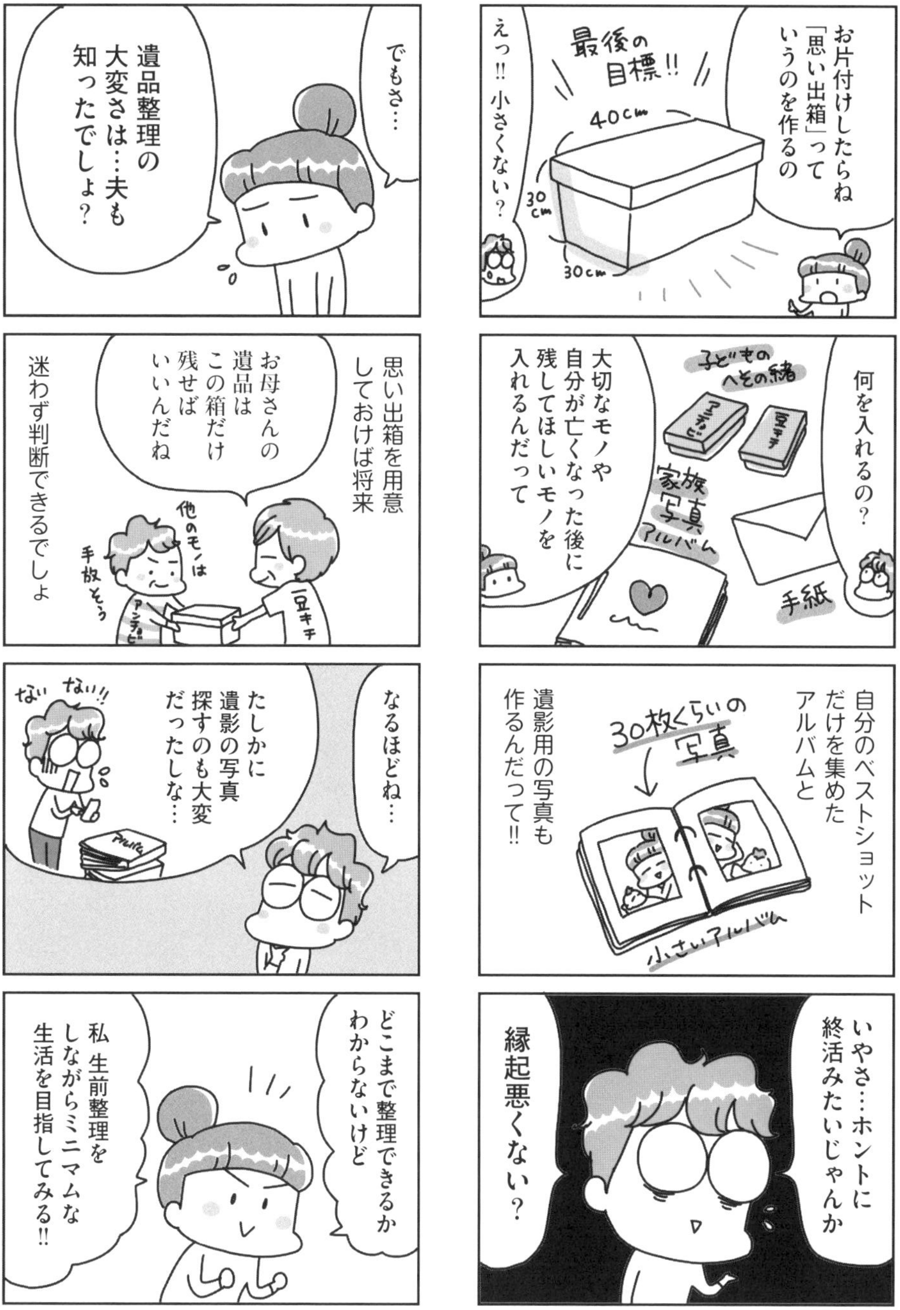
お片付けしたらね「思い出箱」っていうのを作るの
最後の目標!!
40cm
30cm
30cm
えっ!! 小さくない？
何を入れるの？
大切なモノや自分が亡くなった後に残してほしいモノを入れるんだって
子どものへその緒
家族写真アルバム
手紙
自分のベストショットだけを集めたアルバムと
遺影用の写真も作るんだって!!
30枚くらいの写真
小さいアルバム
いやさ…ホントに終活みたいじゃんか
縁起悪くない？
でもさ…
遺品整理の大変さは…夫も知ったでしょ？
思い出箱を用意しておけば将来
お母さんの遺品はこの箱だけ残せばいいんだね
他のモノは手放そう
迷わず判断できるでしょ
なるほどね…
たしかに遺影の写真探すのも大変だったしな…
ない ない!!
どこまで整理できるかわからないけど
私 生前整理をしながらミニマムな生活を目指してみる!!

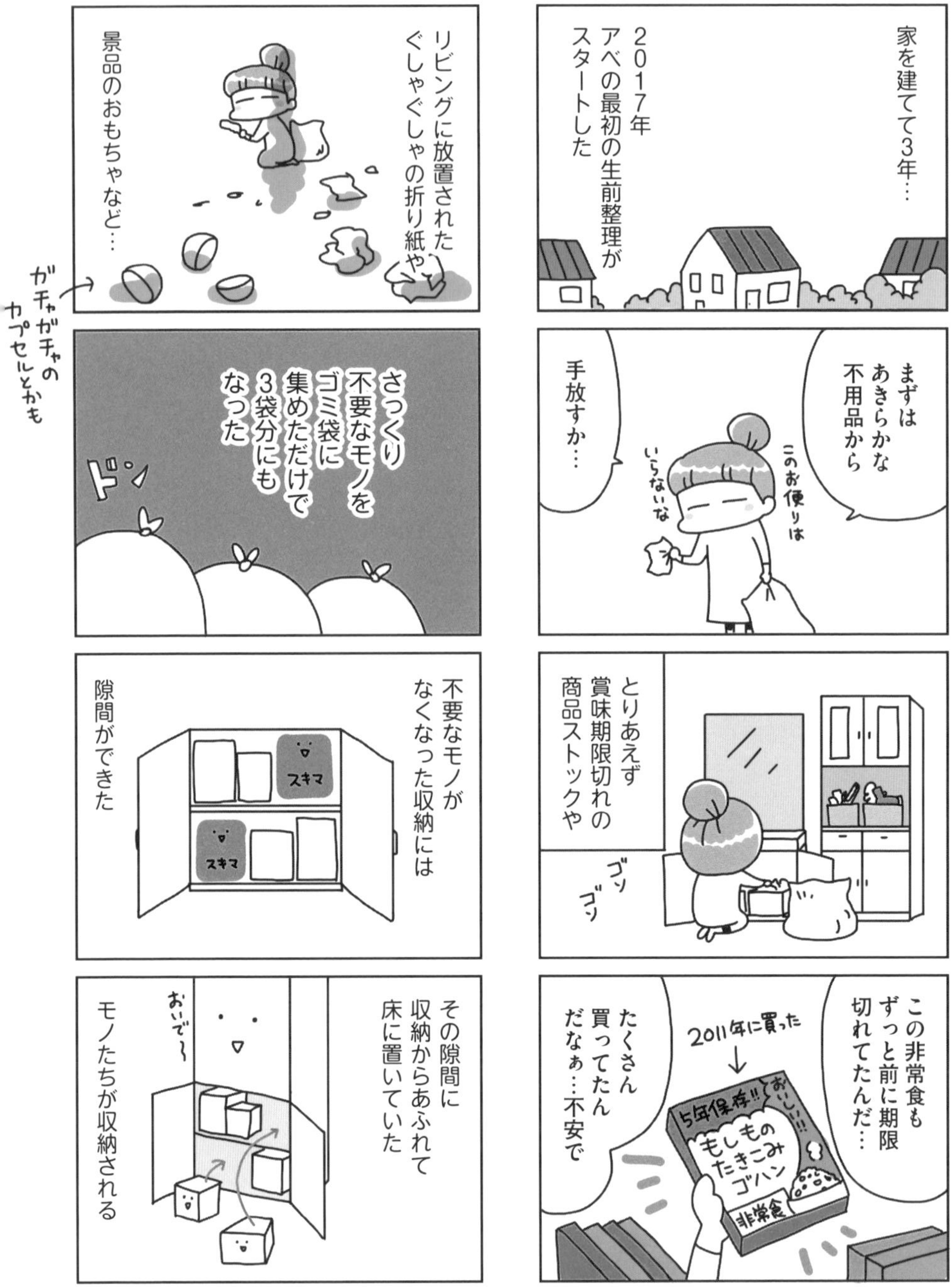
家を建てて3年…
2017年
アベの最初の生前整理がスタートした
まずはあきらかな不用品から
手放すか…
このお便りはいらないな
とりあえず賞味期限切れの商品ストックや
ゴソゴソ
この非常食もずっと前に期限切れてたんだ…
たくさん買ってたんだなぁ…不安で
2011年に買った
5年保存!!
おいしい!!
もしものたきこみゴハン
非常食
リビングに放置されたぐしゃぐしゃの折り紙や
景品のおもちゃなど…
ガチャガチャのカプセルとかも
さっくり不要なモノをゴミ袋に集めただけで3袋分にもなった
ドン
不要なモノがなくなった収納には
隙間ができた
スキマ
スキマ
その隙間に収納からあふれて床に置いていた
モノたちが収納される
おいで〜

結果的に
次男アンチョビが入っても安全なキッチンが誕生!!
ピカーーン
床に置くしかなかったモノが激減!!
不用品手放しただけなのに
家がスッキリしてきたぞ!!
するとなぜか片付けスイッチが入り
家の中のモノを冷静に見られるようになった
ピカーッ
カチ
あ…あのほこりをかぶってる置き物も手放そうかな…
ホワ〜ン
私は昔から
雑貨が大好き
雑貨屋さんに行くのも大好きで
かわいい!!
この雑貨がウチにあったら暮らしが豊かになる気がする!!
私の理想は雑貨屋みたいなインテリアだったけど

私はマメに掃除をするタイプでもない
げ
すごいホコリたまってる
こ…今度掃除しよ!!
今は忙しい!!
自分で買った雑貨を全然管理できなかったのだ
オシャレなインテリアを買えば
オシャレになるわけじゃないんだな…
思い出せば賃貸の頃
なんかオシャレなインテリアにならないな～
賃貸だしな～
家が狭いから家が散らかるんだよな…きっと
広い家を建てれば全部解決するはず!!
なんて思った
この家を設計してもらった時…
土地の広さ予算でできる範囲でできるだけ広い家がいいです!!
って言ったような…
広い家を建て大量のモノと引っ越して
それでも思ってた暮らしにならず
もっと収納家具!!
もっと雑貨!!
更にモノを増やしてきた

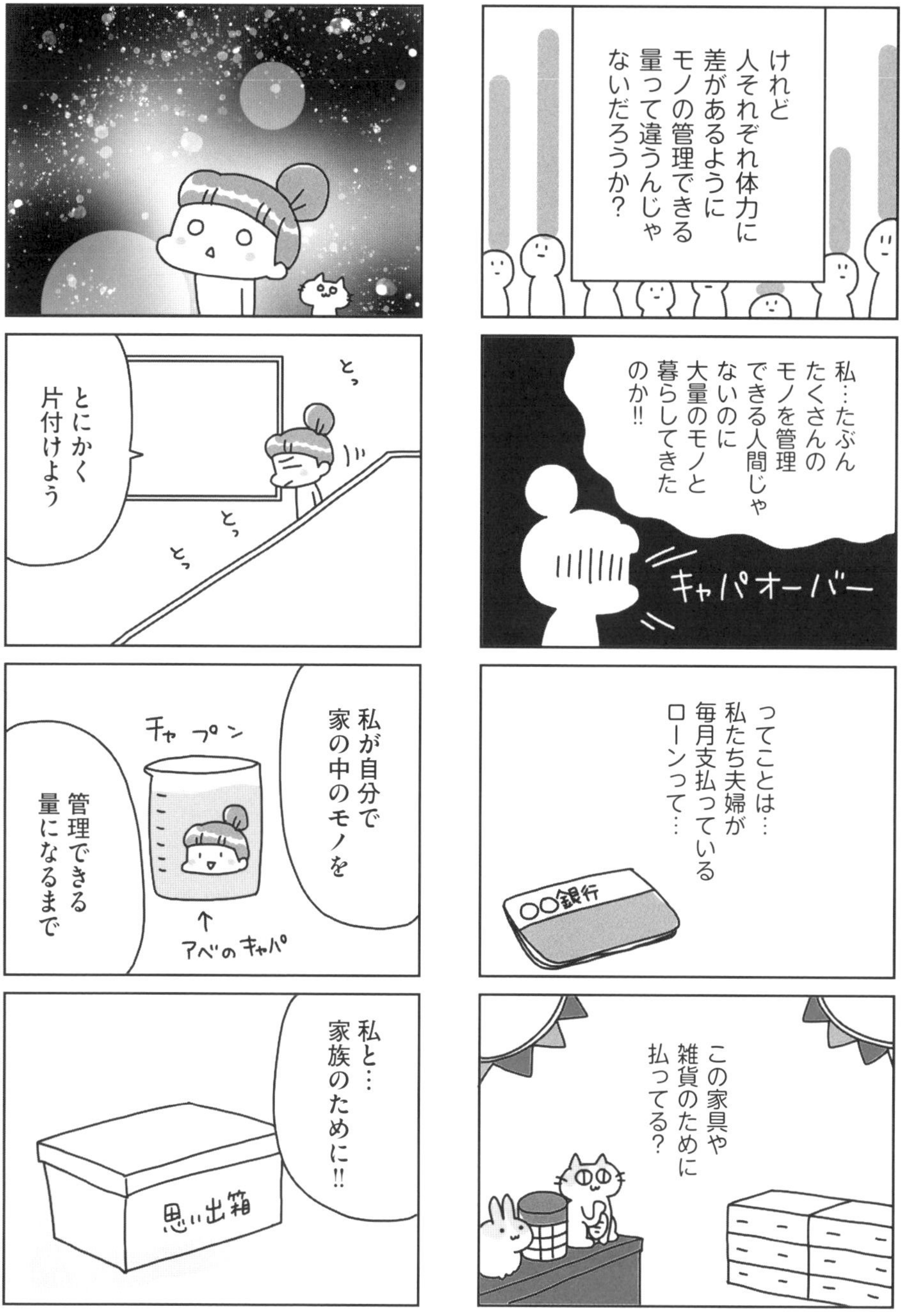
けれど人それぞれ体力に差があるようにモノの管理できる量って違うんじゃないだろうか？
私…たぶんたくさんのモノを管理できる人間じゃないのに大量のモノと暮らしてきたのか!!
キャパオーバー
ってことは…私たち夫婦が毎月支払っているローンって…
○○銀行
この家具や雑貨のために払ってる？
とっ
とっ
とっ
とにかく片付けよう
チャプン
私が自分で家の中のモノを
管理できる量になるまで
アベのキャパ
私と…家族のために!!
思い出箱

7話 人生が変わる!? お片付け大作戦!

生前整理を始めた翌年
2018年 長女モナカちゃんが誕生
ドドーン!!
置き配
そして 2020年3月 新型コロナウイルスの感染拡大により突然スタートした休校・休園生活
たこ焼きパーティーしよう!!
冷凍フルーツでアイス作ろう!!
家族だけで過ごす日々はストレスもたまる
スライムで遊ぼう!!
びよーん
でろーん
ミニキーボードも買ってみたよ!!
外出することも人と会うこともできず…
何か家で楽しめるもの〜!!
ポチ
ポチ
自粛生活中モノは再び増えていった
増やしたくないけど…
今は…しょうがない…
次はどんなアクティビティやろうかな〜

ネコのシロはモナカちゃん出産直前に体調をくずし天国に旅立ってしまいました

感染拡大から
1年がすぎた
2021年
3月20日
宮城県沖を震源とした
マグニチュード6・9
最大震度5強の
大きな地震が発生
ガタガタ
ガタガタ
東日本大震災の
被災経験から
防災対策をしていたので
被害はほぼなかったものの
ホッ
しゃもじだけ落ちた
あーあ
壁紙が
あっちこっち
割れてるよ
震災から10年で
こんな大地震が
起きるなんてな〜
ちょっと
見て〜!!
タンスがこんなに
動いてるよ!!
10センチは動いてる!!
今回は
大丈夫だったけど
もっと大きい
地震だったら
倒れてた
かもね…
地震ってさ
校庭の真ん中とか
揺れだけじゃ
ケガしないけど
揺れで動いたモノで
ケガする可能性が
あるから
怖いんだよね

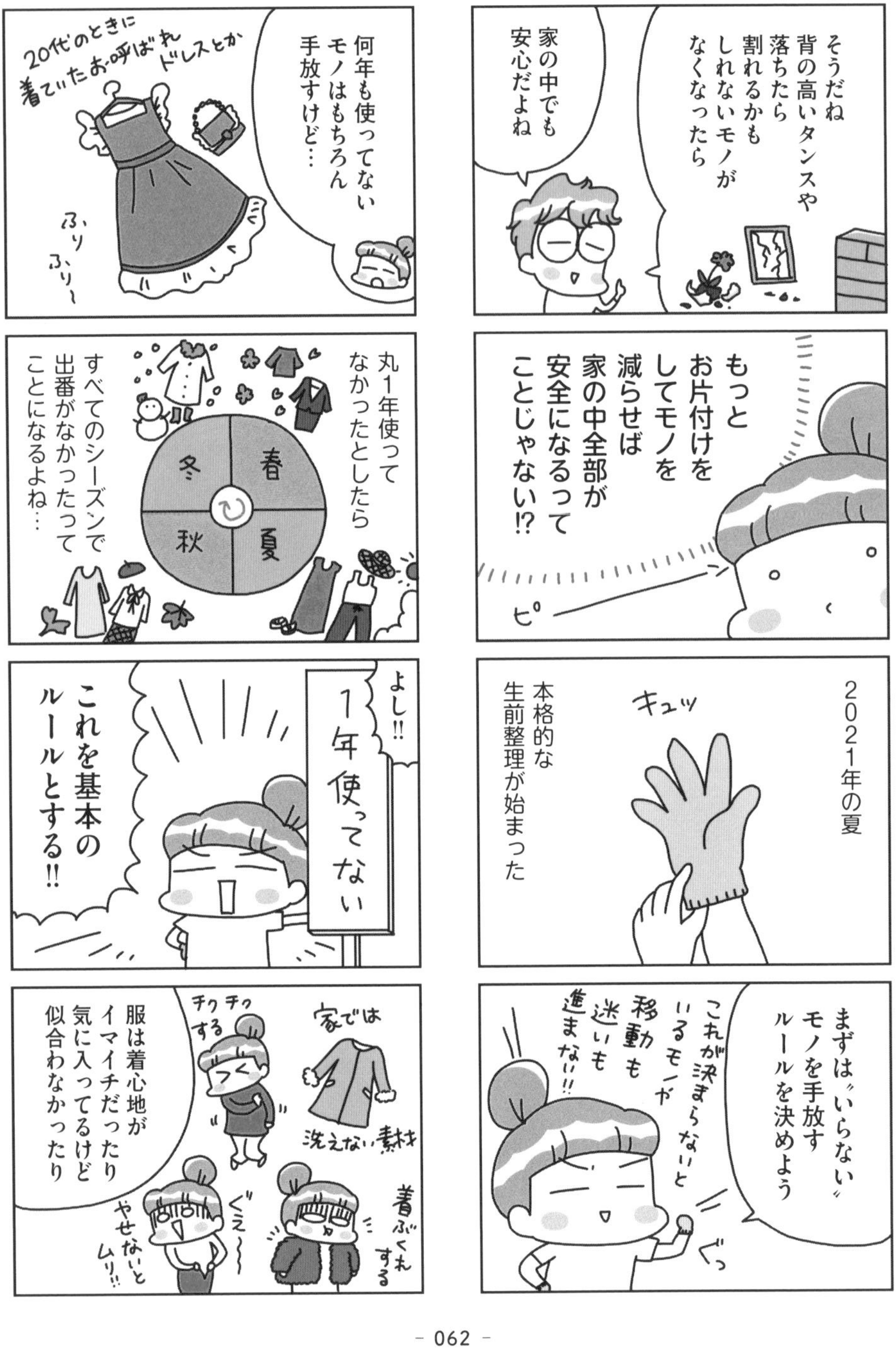

そうだね
背の高いタンスや
落ちたら
割れるかも
しれないモノが
なくなったら
家の中でも
安心だよね
もっと
お片付けを
してモノを
減らせば
家の中全部が
安全になるって
ことじゃない!?
ピ
2021年の夏
本格的な
生前整理が始まった
キュッ
まずは〝いらない〟
モノを手放す
ルールを決めよう
これが決まらないと
いるモノや
移動も
迷いも
進まない!!
ぐっ
何年も使ってない
モノはもちろん
手放すけど…
20代のときに
着ていたお呼ばれドレスとか
ふりふり~
丸1年使って
なかったとしたら
すべてのシーズンで
出番がなかったって
ことになるよね…
春
夏
秋
冬
よし!!
1年使ってない
これを基本の
ルールとする!!
服は着心地が
イマイチだったり
気に入ってるけど
似合わなかったり
チクチクする
家では
洗えない素材
着ぶくれする
ぐえ~~
やせないとムリ!!

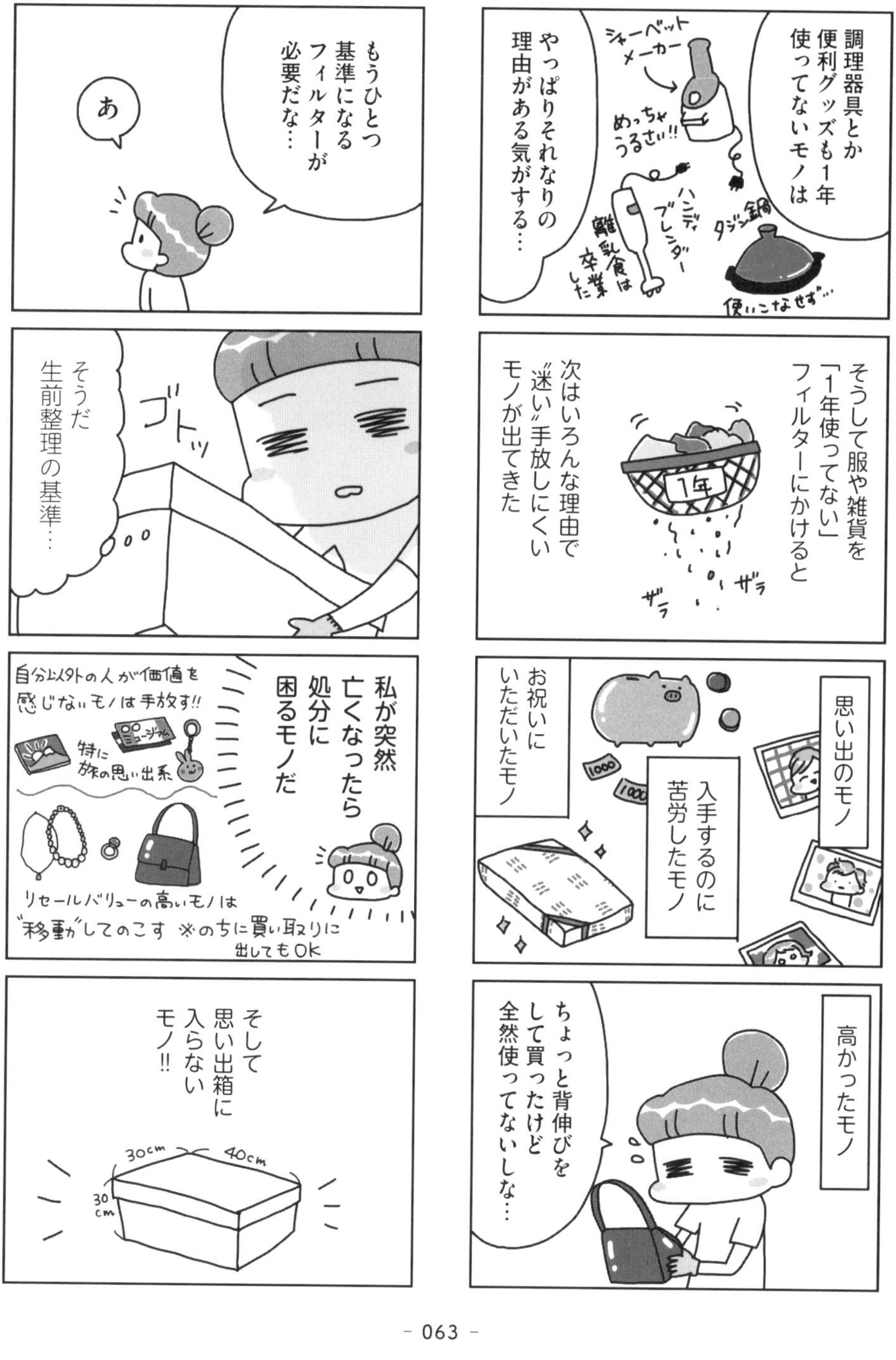
調理器具とか便利グッズも1年使ってないモノは
シャーベットメーカー
めっちゃうるさい!!
ハンディブレンダー
離乳食は卒業した
タジン鍋
使いこなせず…
やっぱりそれなりの理由がある気がする…
もうひとつ基準になるフィルターが必要だな…
あ
そうして服や雑貨を「1年使ってない」フィルターにかけると
1年
ザラ
ザラ
次はいろんな理由で〝迷い〟手放しにくいモノが出てきた
ゴトッ
そうだ生前整理の基準…
思い出のモノ
入手するのに苦労したモノ
お祝いにいただいたモノ
1000
1000
私が突然亡くなったら処分に困るモノだ
自分以外の人が価値を感じないモノは手放す!!
ミュージアム
特に旅の思い出系
リセールバリューの高いモノは〝移動〟してのこす ※のちに買い取りに出してもOK
高かったモノ
ちょっと背伸びをして買ったけど全然使ってないしな…
そして思い出箱に入らないモノ!!
30cm
40cm
30cm

アベ的生前整理の手放すモノルール
①1年使っていないモノ
②私が突然亡くなったら処分に困りそうなモノ
③思い出箱に入らない大きさのモノ
これを手放す!!
まずは判断のしやすい衣類からスタートして
家具やキッチン雑貨・思い出のモノに進めていくぞ!!
手放した衣類
クリーニングに出すしかない服
ファーが取りはずせない
お手入れの面倒な服
産前産後に使った服やインナー
着心地悪かったり
似合わなかったり
1年着ていない服
お下がり用に取っておいたけど出してみたらヨレヨレだった…
サイズアウトした子ども服
子ども服はフリマアプリに出店するのも手間だし思い出もつまってて手放しにくい…
今のご時世中古品は安くネットで買えるしね…
「やせたら着よう」はもうやめよう…
本当にやせたら買うことにした
サイズの合わない服

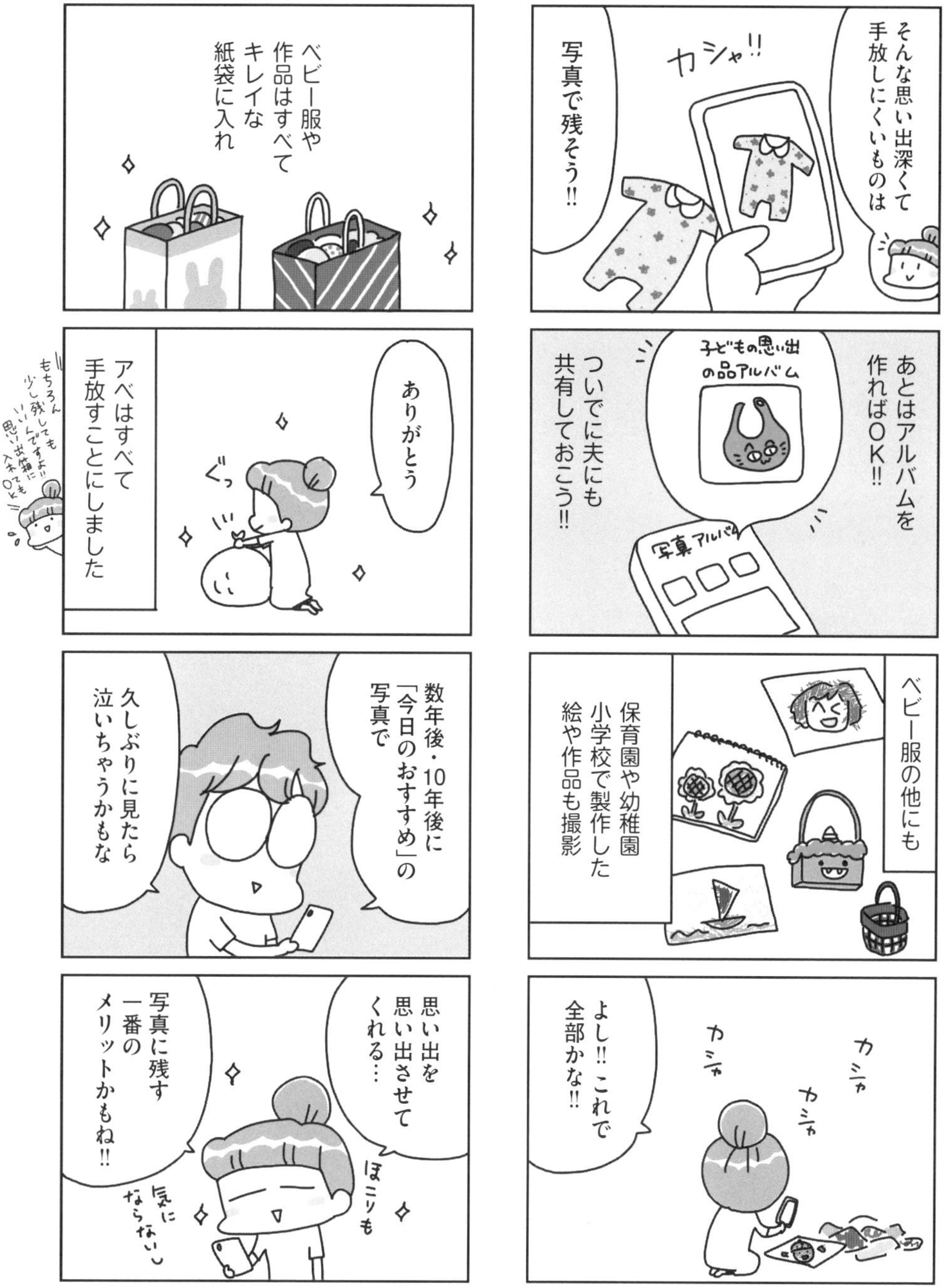
そんな思い出深くて手放しにくいものは
カシャ!!
写真で残そう!!
あとはアルバムを作ればOK!!
子どもの思い出の品アルバム
写真アルバム
ついでに夫にも共有しておこう!!
ベビー服の他にも
保育園や幼稚園小学校で製作した絵や作品も撮影
カシャ
カシャ
カシャ
よし!! これで全部かな!!
ベビー服や作品はすべてキレイな紙袋に入れ
ありがとう
ぐっ
アベはすべて手放すことにしました
もちろん少し残してもいいんですよ!! 思い出箱に入れてもOK
数年後・10年後に「今日のおすすめ」の写真で
久しぶりに見たら泣いちゃうかもな
思い出を思い出させてくれる…
写真に残す一番のメリットかもね!!
ほこりも
気にならないし

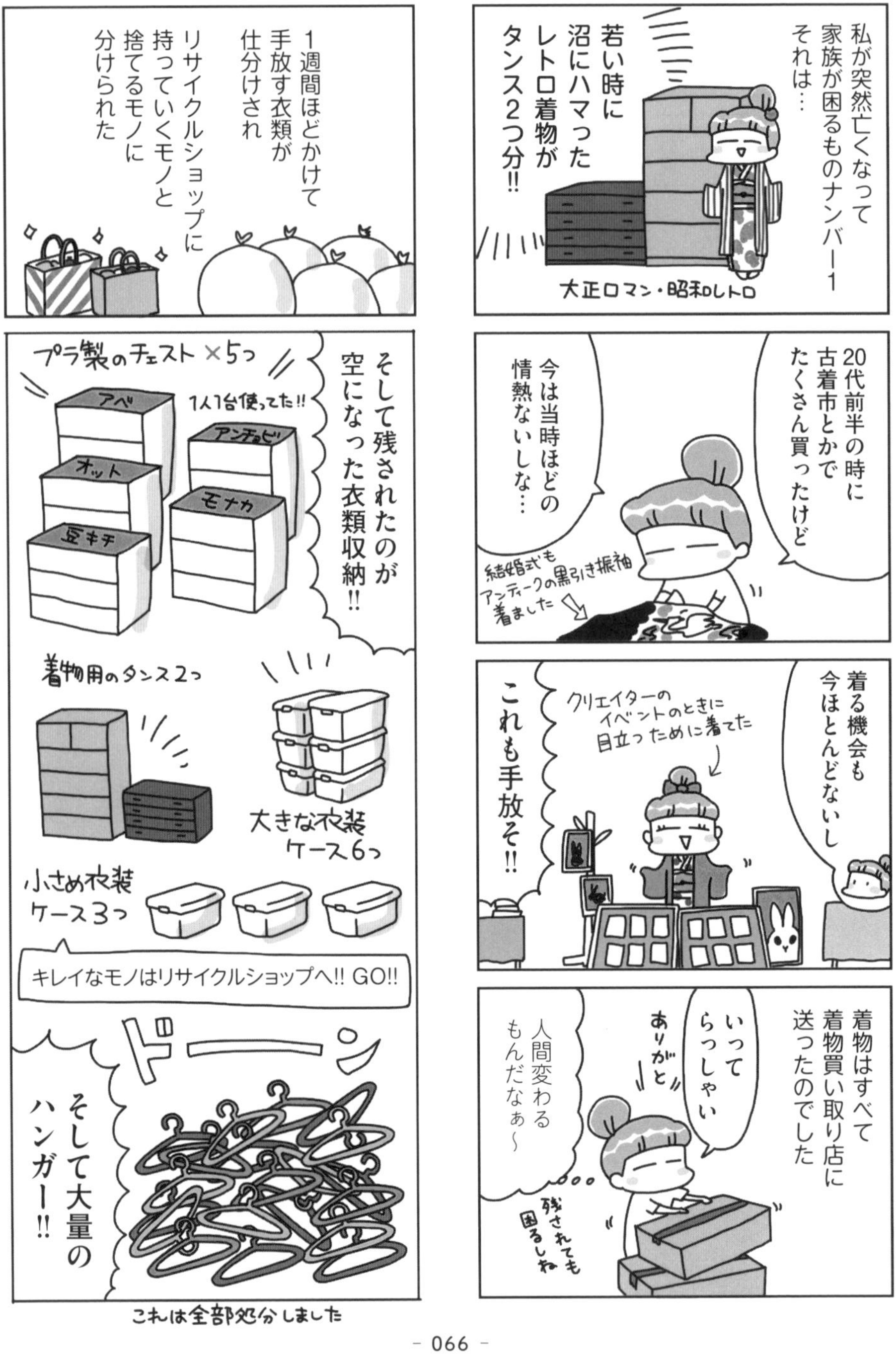

私が突然亡くなって家族が困るものナンバー1
それは…
若い時に沼にハマったレトロ着物がタンス2つ分!!
大正ロマン・昭和レトロ
20代前半の時に古着市とかでたくさん買ったけど
今は当時ほどの情熱ないしな…
結婚式もアンティークの黒引き振袖着ました
着る機会も今ほとんどないし
これも手放そ!!
クリエイターのイベントのときに目立つために着てた
着物はすべて着物買い取り店に送ったのでした
いってらっしゃい
ありがと
人間変わるもんだなぁ〜
残されても困るしね
1週間ほどかけて手放す衣類が仕分けされ
リサイクルショップに持っていくモノと捨てるモノに分けられた
そして残されたのが空になった衣類収納!!
プラ製のチェスト×5つ
1人1台使ってた!!
アベ
アンチョビ
オット
モナカ
豆キチ
着物用のタンス2つ
大きな衣装ケース6つ
小さめ衣装ケース3つ
キレイなモノはリサイクルショップへ!! GO!!
ドーーン
そして大量のハンガー!!
これは全部処分しました

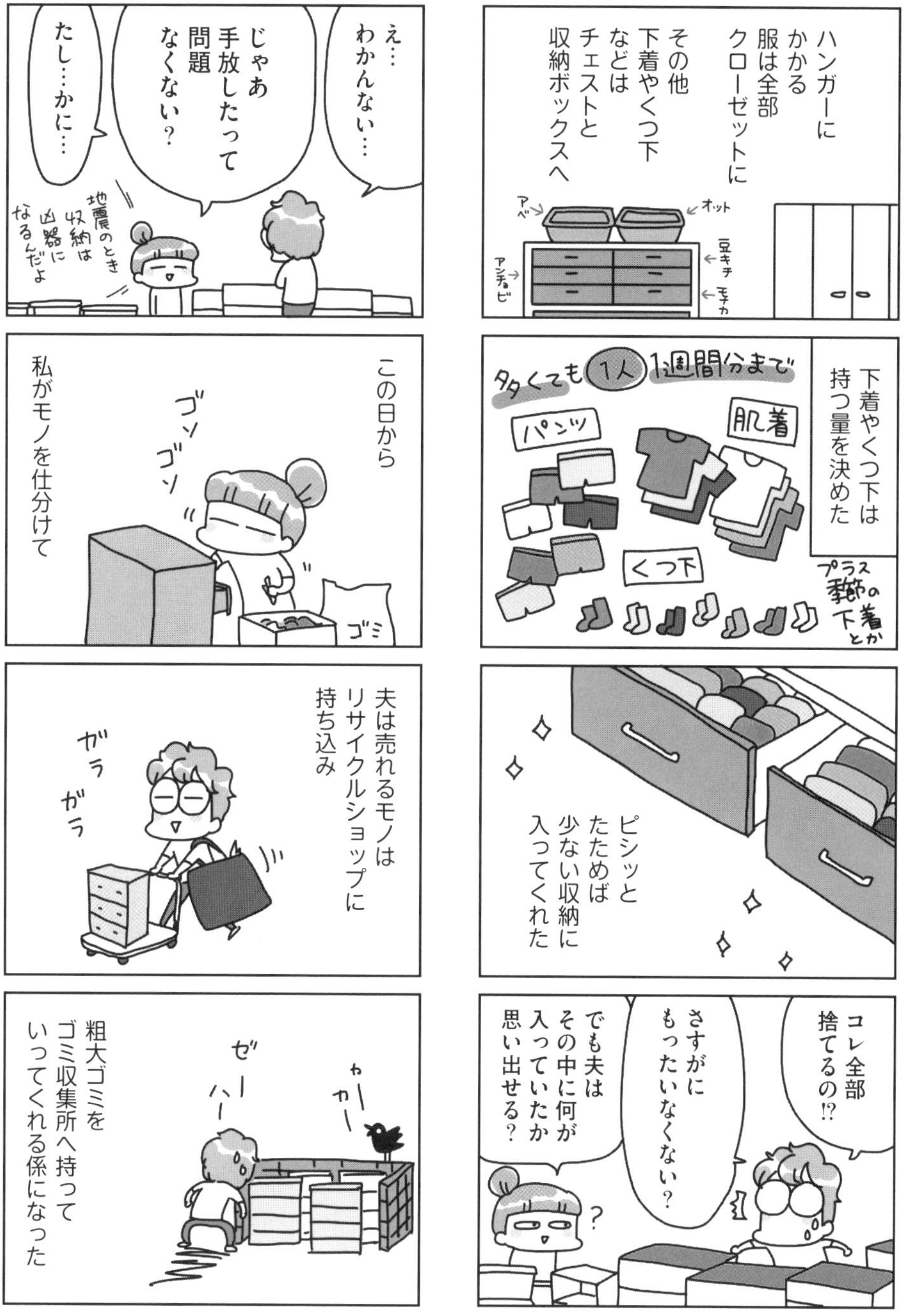
ハンガーにかかる服は全部クローゼットに
その他下着やくつ下などはチェストと収納ボックスへ
アベ
オット
豆キチ
モチカ
アンチョビ
下着やくつ下は持つ量を決めた
多くても1人1週間分まで
パンツ
肌着
くつ下
プラス季節の下着とか
ピシッとたためば少ない収納に入ってくれた
コレ全部捨てるの!?
さすがにもったいなくない？
でも夫はその中に何が入っていたか思い出せる？
？
え…わかんない…
じゃあ手放したって問題なくない？
たし…かに…
地震のとき収納は凶器になるんだよ
この日から
私がモノを仕分けて
ゴソゴソ
ゴミ
夫は売れるモノはリサイクルショップに持ち込み
ガラガラ
粗大ゴミをゴミ収集所へ持っていってくれる係になった
ゼーハー
カーカー

衣類の片付けが終わると
いるモノ・手放すモノセンサーが覚醒して
いる!!
手放す!!
ビカッ
ビカッ
迷うことなくすぐに決まるようになったのであ———る!!
次に手放したのは1年以上使ってない大物たち!!
壊れたパソコン
使ってない古い液晶テレビ
だれも使ってないミニテーブル
捨てることを先延ばしにしていたモノ
電源の入らない布団乾燥機
大物の不用品は大地震で避難経路をふさぎかねない!!
キケン!!
もう使ってないベビーチェア バウンサー 歩行器
ベビー用布団
古い扇風機
何の付属品かわからないケーブル
買って満足してしまい本領発揮できなかった悲しきダイエット器具
コロナ禍の運動不足をどうにかしたかったが使われることはほぼなかった…
ステッパー
ダンベル
フラフープ
バランスボール
エアロバイク
低周波の出るベルト
自宅トレが向いてなかった…

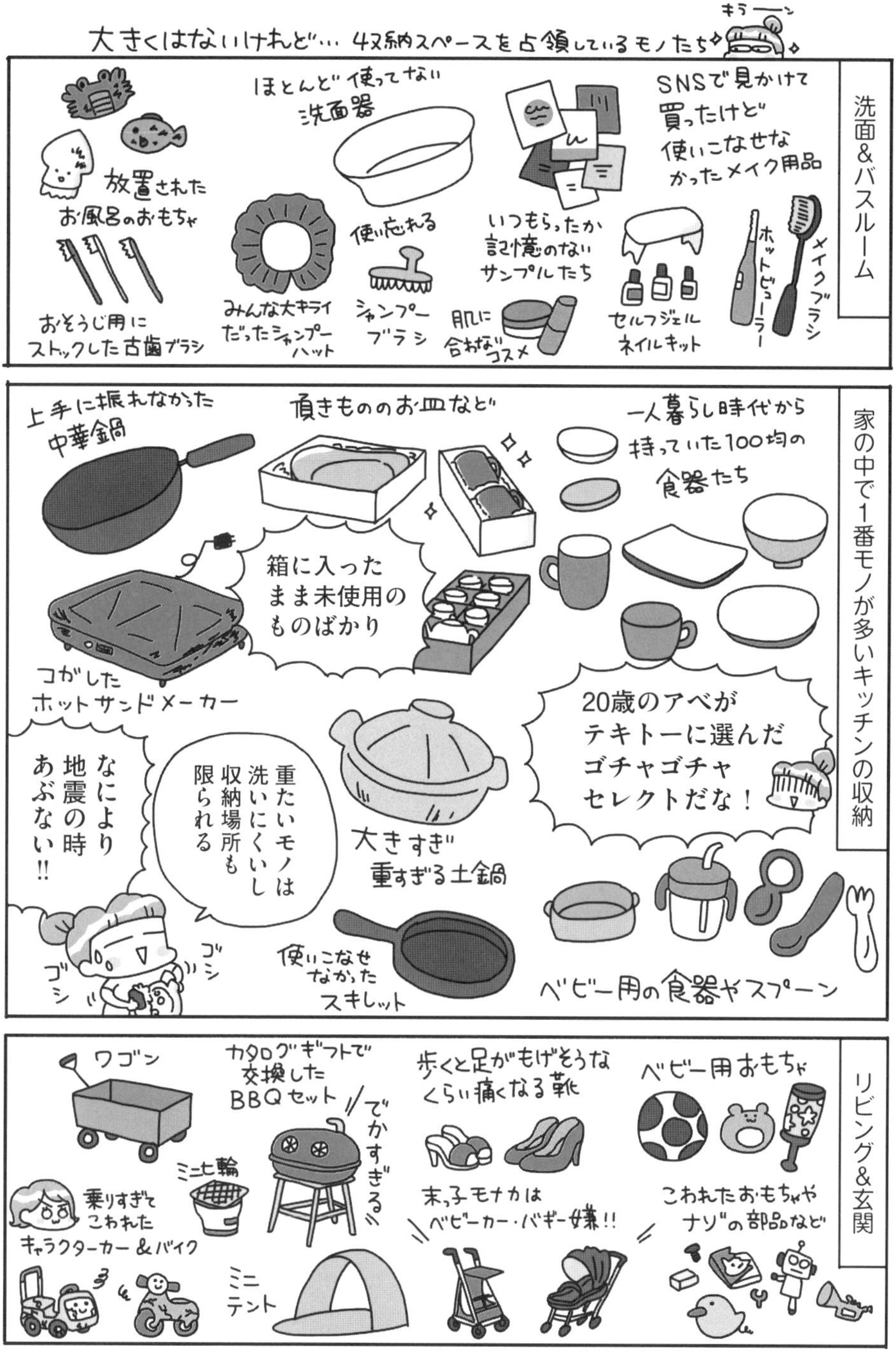

キラーン
大きくはないけれど…収納スペースを占領しているモノたち
洗面&バスルーム
ほとんど使ってない洗面器
SNSで見かけて買ったけど使いこなせなかったメイク用品
放置されたお風呂のおもちゃ
おそうじ用にストックした古歯ブラシ
みんな大キライだったシャンプーハット
使い忘れる
シャンプーブラシ
いつもらったか記憶のないサンプルたち
肌に合わないコスメ
セルフジェルネイルキット
ホットビューラー
メイクブラシ
家の中で1番モノが多いキッチンの収納
上手に振れなかった中華鍋
頂きもののお皿など
一人暮らし時代から持っていた100均の食器たち
箱に入ったまま未使用のものばかり
コガしたホットサンドメーカー
20歳のアベがテキトーに選んだゴチャゴチャセレクトだな！
なにより地震の時あぶない!!
重たいモノは洗いにくいし収納場所も限られる
大きすぎ重すぎる土鍋
ゴシ
ゴシ
使いこなせなかったスキレット
ベビー用の食器やスプーン
リビング&玄関
ワゴン
カタログギフトで交換したBBQセット
でかすぎる
歩くと足がもげそうなくらい痛くなる靴
ベビー用おもちゃ
ミニ七輪
乗りすぎてこわれたキャラクターカー&バイク
末っ子モナカはベビーカー・バギー嫌!!
こわれたおもちゃやナゾの部品など
ミニテント

とにかく毎日
モノを手放し続けて1カ月…
夏の終わりのある日
ない
ない
ゴミ袋に入れるいらないモノがない…
?
?
?
え?
ついに来た!?
手放すモノがない!!
ゴゴゴゴゴゴゴ
ゴミ
「私が管理できるモノの量」が
ピタッとハマッた瞬間だった
家が片付くと家族にも変化が起きた
あれ?
アンチョビのアトピーが
よくなってる!?
つるーーーん
そういえばオレもアトピーよくなってるな
オレも鼻水でなくなったよ
家が片付いてほこりがたまりにくくなったからかな?

夫・豆キチ・アンチョビはハウスダストアレルギー

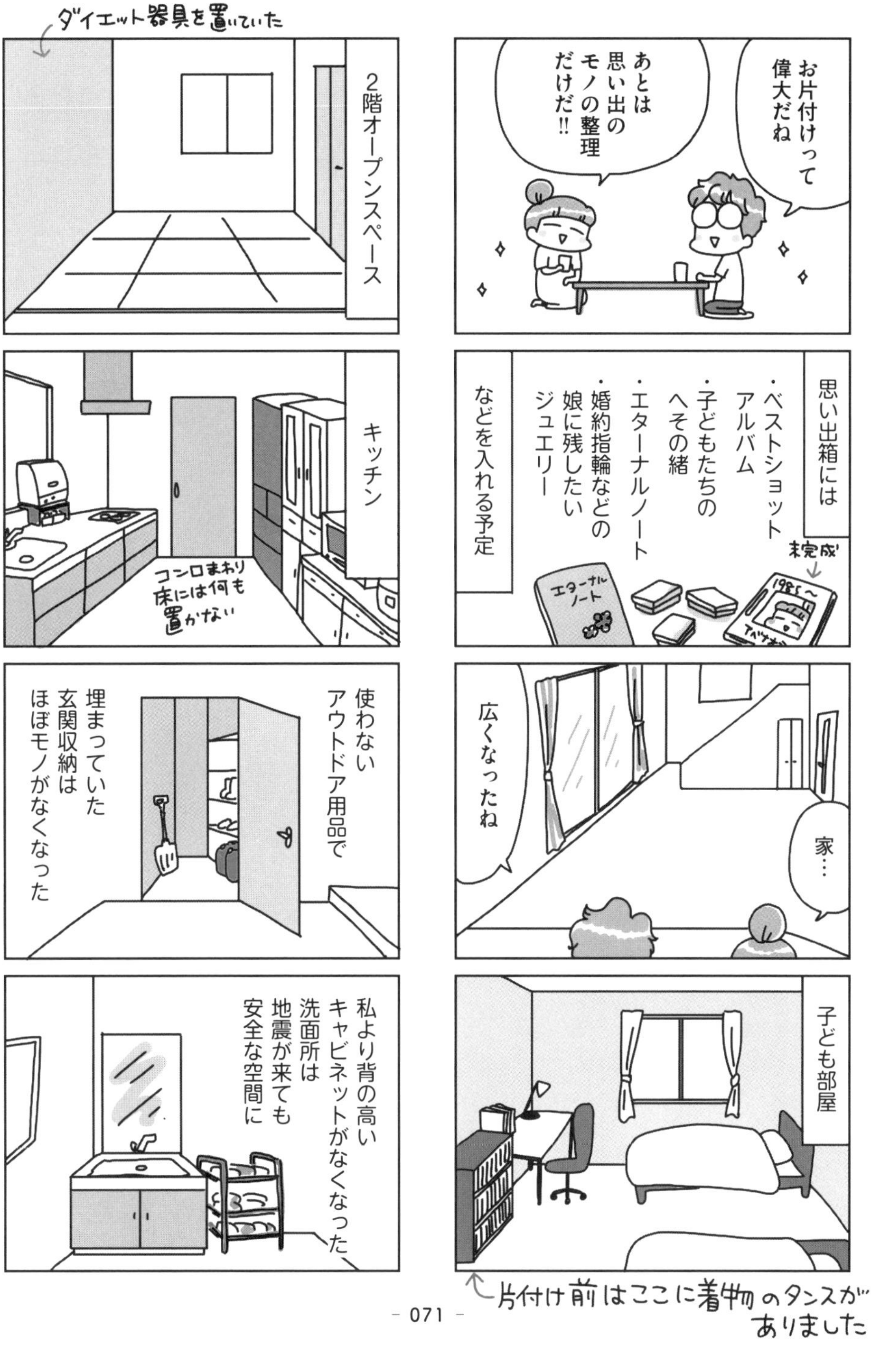
お片付けって偉大だね
あとは思い出のモノの整理だけだ!!
思い出箱には
・ベストショットアルバム
・子どもたちのへその緒
・エターナルノート
・婚約指輪などの娘に残したいジュエリー
などを入れる予定
未完成
エターナルノート
家…
広くなったね
子ども部屋
片付け前はここに着物のタンスがありました
ダイエット器具を置いていた
2階オープンスペース
キッチン
コンロまわり床には何も置かない
使わないアウトドア用品で埋まっていた玄関収納はほぼモノがなくなった
私より背の高いキャビネットがなくなった洗面所は地震が来ても安全な空間に

ウォークインクローゼット
主寝室には寝具しかありません
夜中の地震ももうコワくない!!
広くなったリビングや2階のオープンスペースは子どもがのびのび運動できるように!!
よっ
広々使えるようになってよかったね～
はげしめのプリンセスごっこ
だだだっ
そうだね…けどさぁ
子どもがみんな保育園・幼稚園小学校に行ってる平日の昼間
夫婦2人にはちょっと
広いかもって感じる
あ～～そうかも
子どもが全員巣立っていったらこの広い家に2人かぁ…
今のモノの量なら半分の広さの家でも暮らせそうじゃない?
そのうち「家も手放す!!」って言いそう!!
カナカナカナカナ
あはは!! さすがにそれはないでしょ
カナカナカナカナ

もっと知りたい家のこと②

防災士アベ直伝！ 配置と収納で安全性アップ

安心安全のインテリア

2011年の東日本大震災直後、帰宅してまず驚いたのは、ロックしてあった窓がすべて全開になっていたこと。それほどの揺れに襲われた家の中は、とても素足で歩ける状態ではありませんでした。地震の多い国に暮らす私たちは、地震の揺れそのものではなく、「揺れで動いた〝モノ〟が被害を生む」ということを体感しています。まずは〝モノ〟自体を減らすことで、被害を少なくすることを心掛けたいです。

さらに、防災士の資格を持つアベがおすすめしたいのは、「背の高い家具」の配置と収納の工夫と「小型の電化製品」「ワレモノ小物」のすべり止め。すると、自宅内に避難場所を想定することができるんです！ 住宅事情はさまざまだからこそ、防災はいきなり100を目指すより、ゼロを1に、1を2にすることが大切。それが、いざという時私たちの救いになると思うのです。

ヒエ〜〜〜!!
サボテンの鉢が
割れて
土!! 破片!!
サボテンが床に〜〜!!

①背の高い家具（食器棚・本棚・タンス）の工夫

□ **倒れた場合を想定する。**

●ベッドやソファなど、家族がよくいる場所の前は避ける

●倒れたとき通路やドアをふさがない位置にする

□ **さらに収納の工夫で、倒れにくい家具にする。**

●重いものを下部に、軽いものを上部に収納

例）**食器棚**　一番下に大きな器、鍋

本棚　一番下に事典やアルバム

タンス　下にペットボトルの備蓄

NG
OK

②小型の電化製品・ワレモノ小物のすべり止め

□ **大きな揺れで凶器化するため、**
すべり止めシートや耐震マットを敷く。

例）●炊飯器

●コーヒーメーカー

●TV

●棚上に置いてあるホットプレート

③自宅内シェルターを作っておく

□ **避難場所＝地震直後でも被害が**
ほとんど出ないゾーンを家の中に設定。

リビングのソファや、
ベッドの上などがおすすめ

例）●照明が真上にない

●倒れやすい大きな家具がない

●ワレモノの雑貨がない

●下に避難用のスニーカーも置ける

ポイントは
「家族がいつもいるところ」

【第3章】片付けたらお金が貯まり始めた！

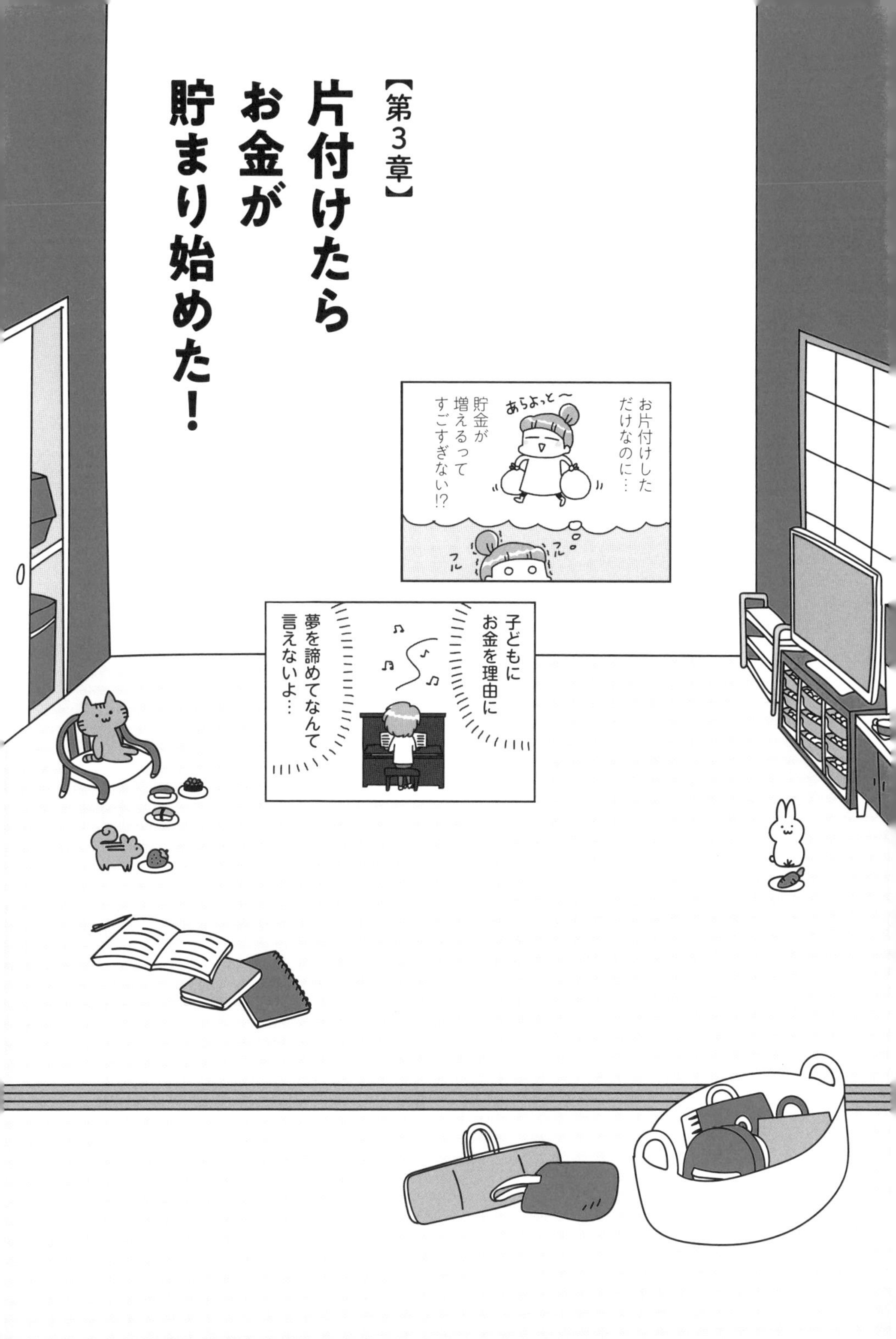
お片付けしただけなのに…
貯金が増えるってすごすぎない!?
あらよっと～
フル
フル
子どもにお金を理由に
夢を諦めてなんて言えないよ…

8話 いまこそお金の不安をあぶりだす時!

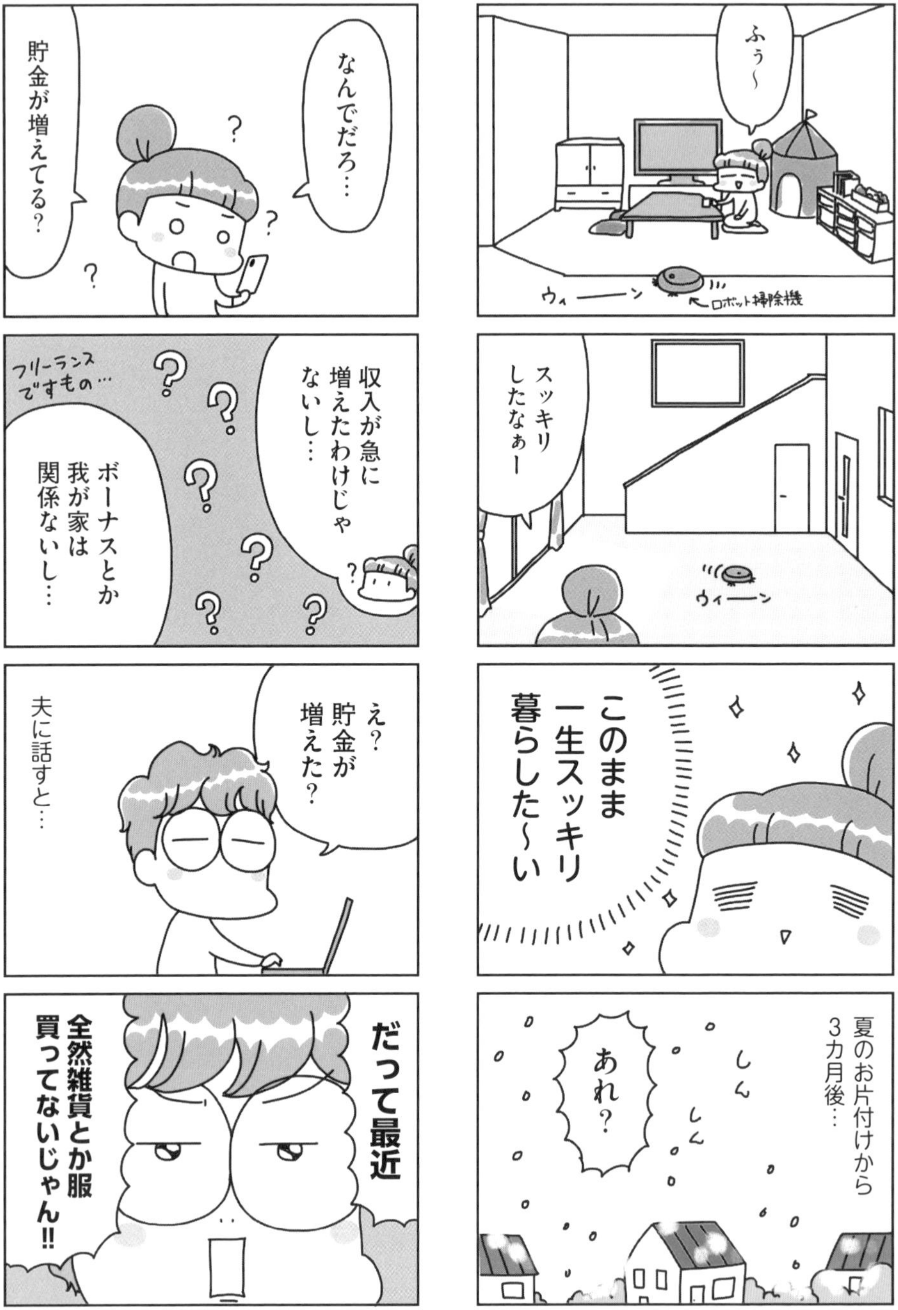
ふぅ～
ウィーーン
ロボット掃除機
スッキリしたなぁー
ウィーーン
このまま一生スッキリ暮らした～い
夏のお片付けから3カ月後…
しん
しん
あれ?
なんでだろ…
貯金が増えてる?
収入が急に増えたわけじゃないし…
ボーナスとか我が家は関係ないし…
フリーランスですもの…
え?貯金が増えた?
夫に話すと…
だって最近
全然雑貨とか服買ってないじゃん!!

前はさ
息を吸うように雑貨とか服を買ってたでしょ？
リアルでもネットでも
ポチ
ポチ
衝動買いして
あ〜〜〜!! 失敗した!!
長すぎ〜〜〜!!
みたいなことも激減したよね
試着もしないで買っちゃってた
100円ショップなんか行った日にゃあ
デデーーン
お皿やらキッチン雑貨やら山盛り買ってたけど
最近はそもそも
今日は寄る？
ううん大丈夫
100円ショップにも行こうとしないし
100えんショップ
いつもだったら買っちゃうだろうな〜って服とかも
う――ん…
かわいいけど今ある服で十分だからいいや〜
もどすわ
物欲のかたまりの妻が買わないだと!?
ドキドキ
って内心びっくりしてたの
ほら…せっかく家がスッキリしたからさ
もうあんまりモノ増やしたくなくてさ〜
どうしても買うなら
長く使えるかな？デザインは好みか？
じ〜…
とかいろいろ吟味したくなったの

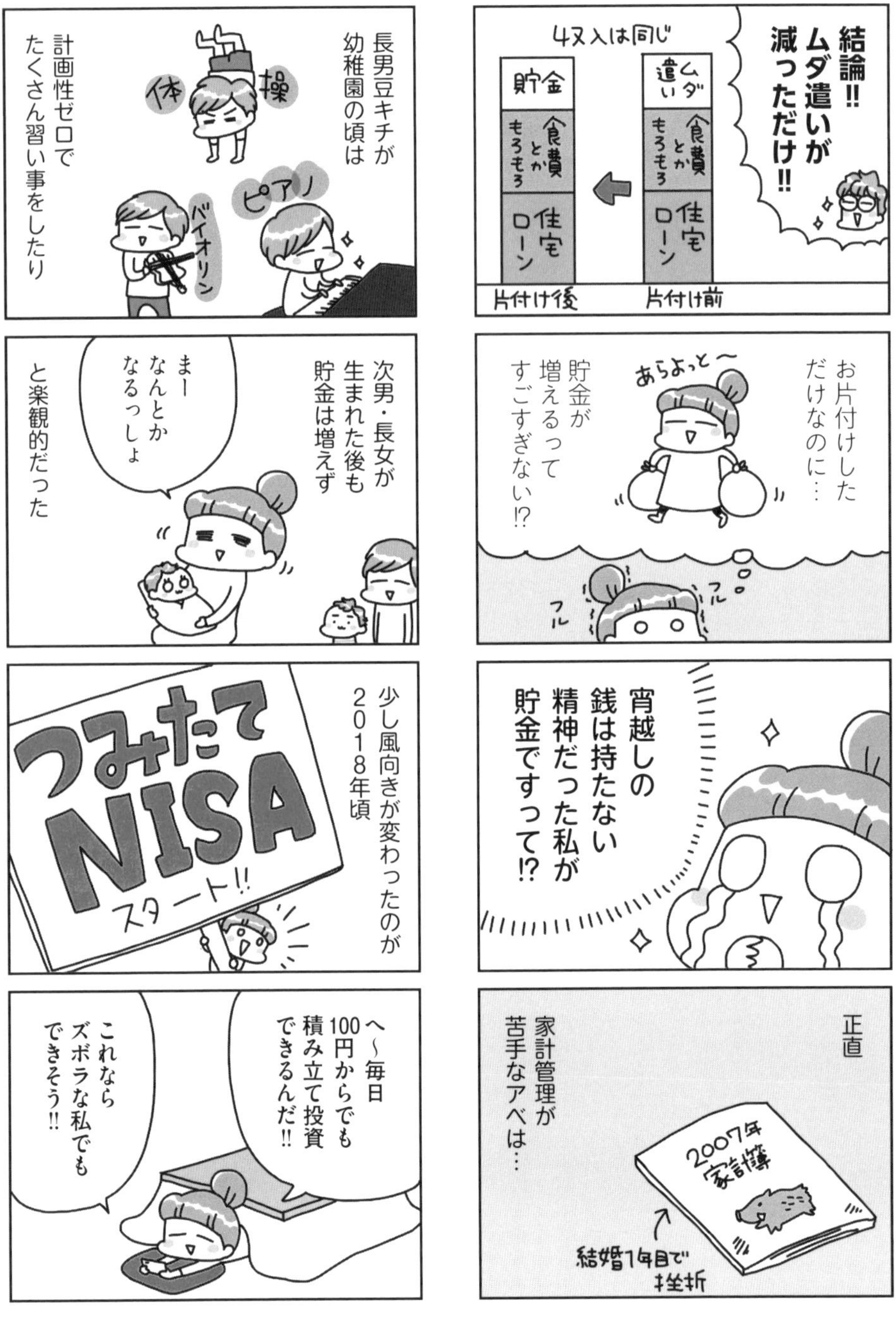
結論!!
ムダ遣いが減っただけ!!
収入は同じ
ムダ遣い
食費とかもろもろ
住宅ローン
貯金
食費とかもろもろ
住宅ローン
片付け前
片付け後
お片付けしただけなのに…
貯金が増えるってすごすぎない!?
あらよっと～
フル
フル
宵越しの銭は持たない精神だった私が貯金ですって!?
正直
家計管理が苦手なアベは…
2007年家計簿
結婚1年目で挫折
長男豆キチが幼稚園の頃は
計画性ゼロでたくさん習い事をしたり
体操
ピアノ
バイオリン
次男・長女が生まれた後も貯金は増えず
まーなんとかなるっしょ
と楽観的だった
少し風向きが変わったのが2018年頃
つみたてNISA
スタート!!
へ～毎日100円からでも積み立て投資できるんだ!!
これならズボラな私でもできそう!!

土日は積み立てがお休みだから1カ月22日前後
このくらいならなんとか毎月いけるっしょ!!
1000円
1000円
100
100
こうしてつみたてNISAを始めたアベ
100円ショップ
新商品だ!!
かわいい～色違いで買おっかな♡
いや待てよ…この100円で
つみたてNISA買えるよね?
100
毎日100円節約!!
ほんの少しお金の使い方が変化
つみたてNISAを始めて1年
分配金※きたー!!
わーい
わーい
数十円
投資額が少ないので
すねた
リターンも少なく心が折れた

※株式投資で言う配当金

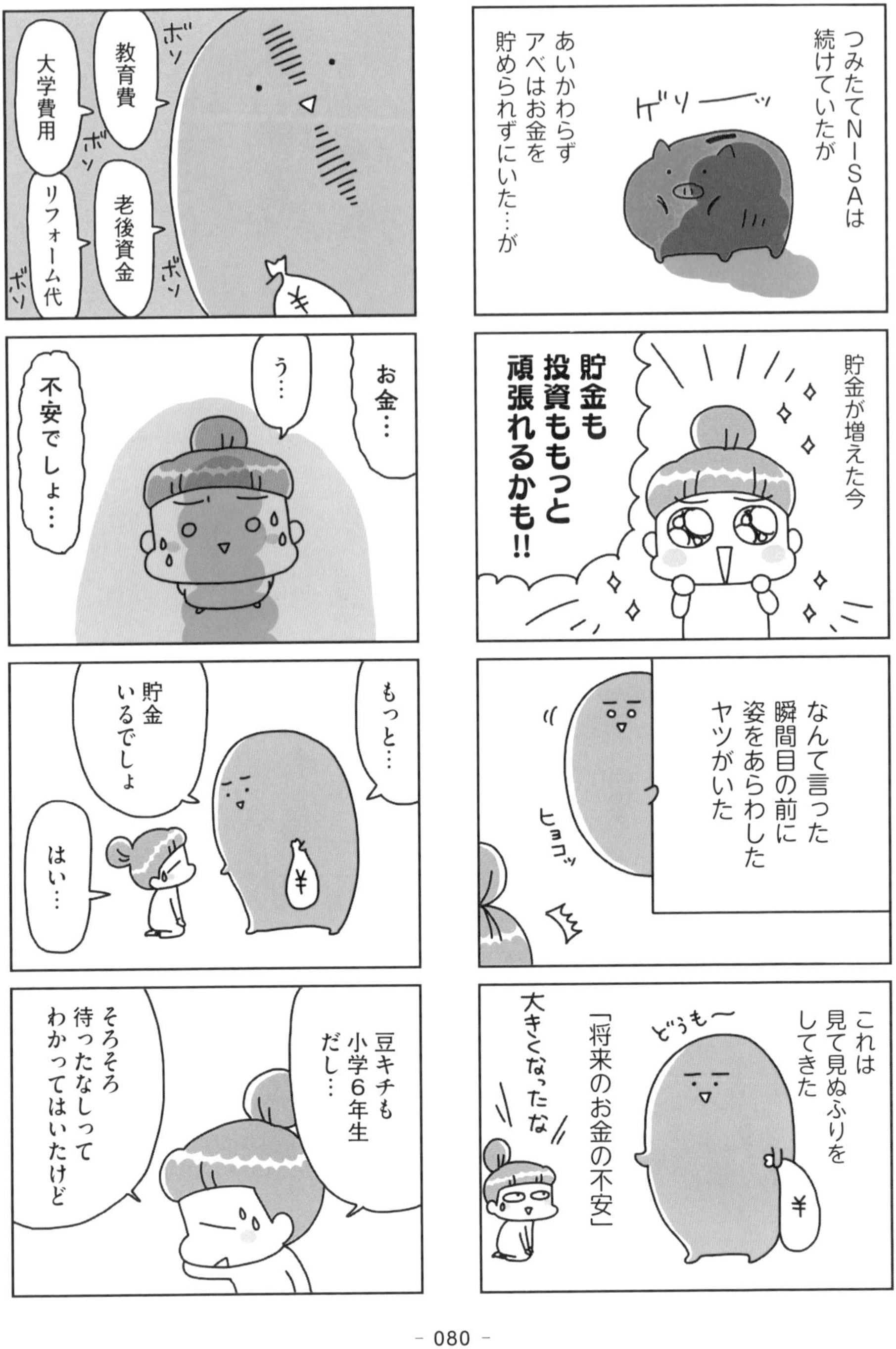

つみたてNISAは続けていたが
ゲリーーッ
あいかわらずアベはお金を貯められずにいた…が
ボッ
教育費
大学費用
ボッ
老後資金
ボッ
リフォーム代
ボッ
貯金が増えた今
貯金も投資ももっと頑張れるかも!!
お金…
う…
不安でしょ…
なんて言った瞬間目の前に姿をあらわしたヤツがいた
ヒョコッ
もっと…
貯金いるでしょ
はい…
これは見て見ぬふりをしてきた
どうも〜
「将来のお金の不安」
大きくなったな
豆キチも小学6年生だし…
そろそろ待ったなしってわかってはいたけど

でもね夫があんまり家のお金の話したがらないんだよね…
フキゲンになる〜
経理マンなのに？
ムッ
うーん夫婦なんだけどお金の話ってキンチョーするよね…
進学タイミングの今がチャンスだよ!!
これからもボクを見て見ぬふりするの？
ダメ!!
ブンブン
あの…
近い将来のお金の話を真面目にしない？
夫と真剣にお金の話
ちょっとコワイけど…
してみる!!
ムッ
うん
ファイト!!
ぐっ
¥
そうやってさ家のお金の話になると
不機嫌になるのやめない？
モジモジ

夫だって本当はお金のこと心配なんでしょ？
そもそもさ
うちは子ども3人もいるし
そろそろ本気で話さない？
オレがめっちゃ稼げる男だったらお金の心配なんてしなくていいのにって思っちゃうんだ…
お金の話をされると自分が責められてるみたいでついムッとしちゃってたんだ…
男のプライド
うーんわかってる
わかってるんだよ頭では…だけどね
モジ
モジ
うちは夫婦で一緒に働いているし
夫が不機嫌になるのが嫌でお金の話避けてきたけど
お金の不安と
向き合うのが怖かったんだ
ボヨヨーン
その「男のプライド」のせいでお金の話ができないってさ…
もったいないじゃん？
はい…
経理マンの夫のお金の不安は私の何倍も大きかった
預金ができない
住宅ローン
食費
3人分の教育費
車の維持費
老後の不安
税金

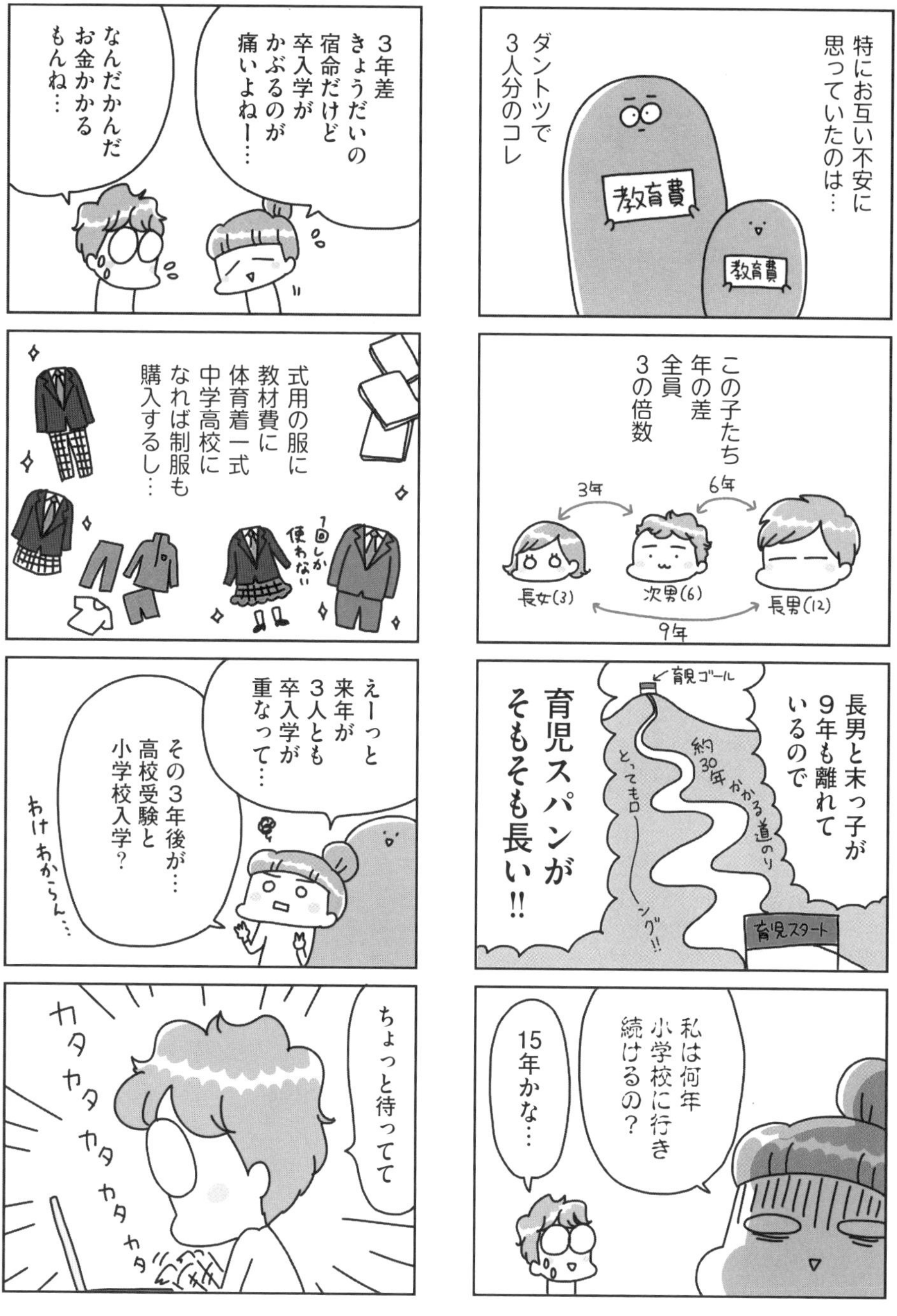
特にお互い不安に思っていたのは…
ダントツで3人分のコレ
教育費
教育費
この子たち年の差全員3の倍数
3年
6年
長女(3)
次男(6)
長男(12)
9年
長男と末っ子が9年も離れているので
育児スパンがそもそも長い!!
育児ゴール
約30年かかる道のり
とってもローング!!
育児スタート
私は何年小学校に行き続けるの？
15年かな…
3年差きょうだいの宿命だけど卒入学がかぶるのが痛いよねー…
なんだかんだお金かかるもんね…
式用の服に教材費に体育着一式中学高校になれば制服も購入するし…
1回しか使わない
えーっと来年が3人とも卒入学が重なって…
その3年後が…高校受験と小学校入学？
わけわからん…
ちょっと待ってて
カタカタカタカタカタ

家族年表

	オット	アベ	長男豆キチ	次男アンチョビ	末っ子モナカ	
2021	39	36	12	6	3	保育所
2022	40	37	13	7	4	幼稚園
2023	41	38	14	8	5	
2024	42	39	15	9	6	
2025	43	40	16	10	7	小学校
2026	44	41	17	11	8	
2027	45	42	18	12	9	
2028	46	43	19	13	10	
2029	47	44	20	14	11	
2030	48	45	21	15	12	
2031	49	46	22	16	13	中学
2032	50	47	23	17	14	
2033	51	48	24	18	15	
2034	52	49	25	19	16	高校
2035	53	50	26	20	17	
2036	54	51	27	21	18	
2037	55	52	28	22	19	大学
2038	56	53	29	23	20	
2039	57	54	30	24	21	
2040	58	55	31	25	22	
2041	59	56	32	26	23	
2042	60	57	33	27	24	
2043	61	58	34	28	25	
2044	62	59	35	29	26	
2045	63	60	36	30	27	
2046	64	61	37	31	28	
2047	65	62	38	32	29	
2048	66	63	39	33	30	
2049	67	64	40	34	31	
2050	68	65	41	35	32	

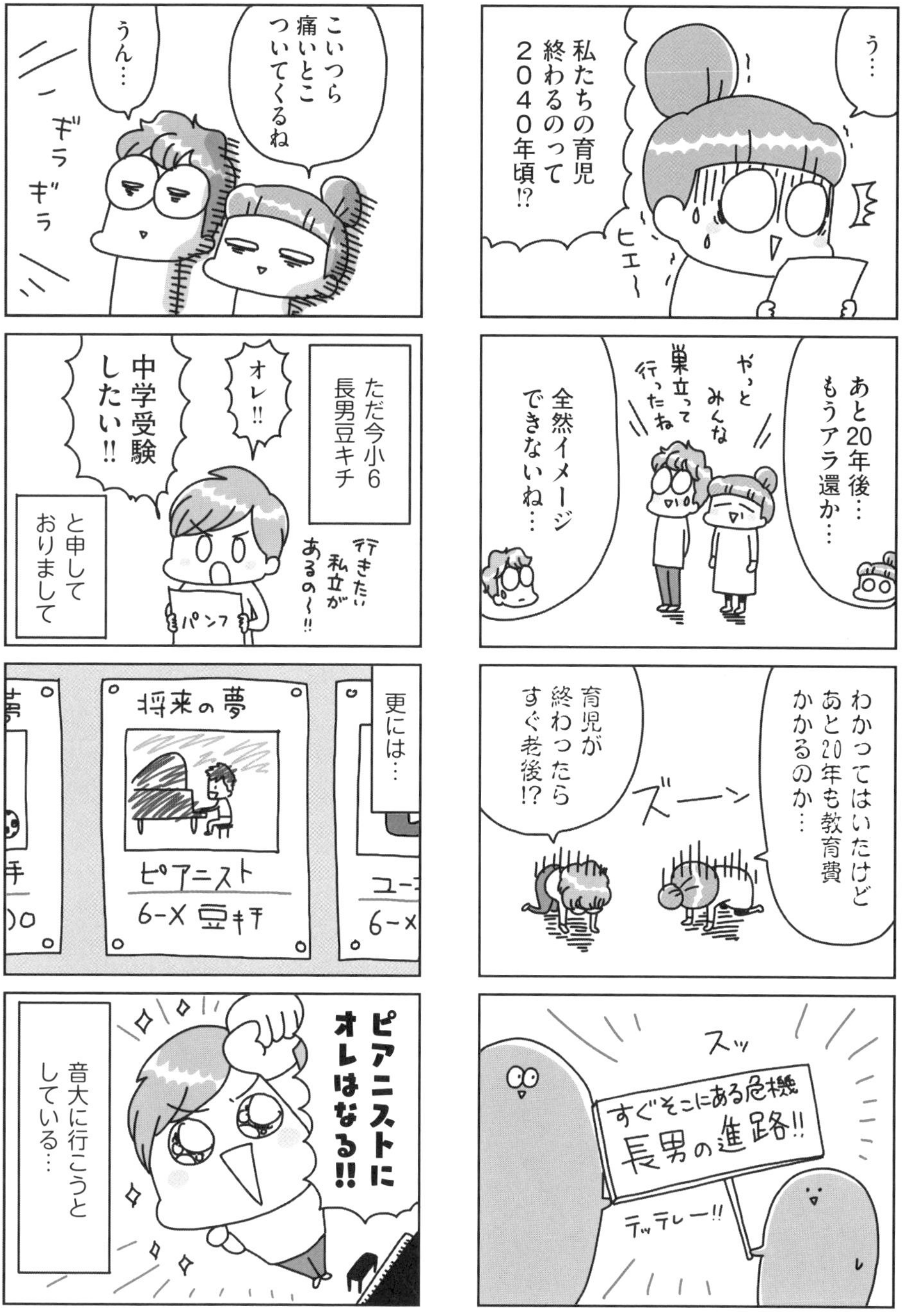
う…
私たちの育児終わるのって2040年頃!?
ヒエ〜
あと20年後…もうアラ還か…
やっとみんな巣立って行ったね
全然イメージできないね…
わかってはいたけどあと20年も教育費かかるのか…
ズーン
育児が終わったらすぐ老後!?
スッ
すぐそこにある危機
長男の進路!!
テッテレー!!
こいつら痛いとこついてくるね
うん…
ギラギラ
ただ今小6長男豆キチ
オレ!!
中学受験したい!!
行きたい私立があるの〜!!
パンフ
と申しておりまして
更には…
将来の夢
ピアニスト
6-X 豆キチ
ピアニストにオレはなる!!
音大に行こうとしている…

超お金かかること間違いない
ズシーン
そうなんだよね
でも…私自分が好きな仕事してる手前…
ぐえ〜
子どもにお金を理由に
夢を諦めてなんて言えないよ…
それはオレも同感…
教育費を貯める時間はあったのに今まで見て見ぬフリをしてたのはオレらだもんね
ぐふっ
豆キチはもちろんだけど
下2人にだって好きなことを諦めさせないように
ぐっ
私たち夫婦で頑張ろう!!
まずはオレら夫婦の目標が
同じじゃないとダメだから
目標を決めよう!!
うん

じーーーっ
ドキ
ドキ

子どもの教育費、修繕費…出費の時期を見える化！
記入式☆家族年表

教育の無償化が進んでいますね。一方で、子どもの学びや進路は多様化していて、やはり教育費はいつどのくらいかかるのかは未知数。特に子どもが3人いるアベ家は、これからかかるお金の話を夫婦で共有したことで、生き方が大きく変わっていきました。

私たちのように家族全員の年齢を年表にするだけでも、ある程度の予測を立てることができます。さらに、**どのタイミングでどの程度のお金がかかるのかをざっくり計算**してみたいと思って、15年分の進化版年表を作ってみました。教育費の目安は、下の資料を参考に。また住んでいるおうち年齢も入れてみてください。特に持ち家の方は、住宅修繕時期（けっこうな出費ですよね）や建物自体の価値（一般的に築20年以上は価値が下がるそうです）の目安としてぜひ！　定年、ローン完済年なども記入するといいですね。

教育費の目安（1年間）

小学校	公立35万円	私立167万円
中学校	公立54万円	私立144万円
高等学校	公立51万円	私立105万円
大学	公立62万円	私立文系102万円/理系138万円

出典：文部科学省「令和3年度子どもの学習費調査」「平成30年度学生納付金調査結果」「令和3年度私立大学入学者に係る初年度学生納付金平均額（定員1人当たり）の調査結果について」より編集部で試算

【記入式　家族年表】

年	夫	妻	子ども①	子ども②	子ども③	教育費概算	おうち年齢
2024	歳	歳	歳	歳	歳	円	年

9話 夫婦の目標が決まった!

数日かけて
2人で
話し合い
夫婦の
目標を
すり
合わせた
オレはやりたいことが
見つけられなくて
消去法で
経理になったけど
子どもが
やりたいことを
見つけられたなら
それはすごく
ラッキーなこと
それは応援したい
私がイラストレーターを
目指したことを
親は反対しなかったけど
応援してくれる
わけでもなかった
もしかしたら
陰で応援して
くれてたかも
しれないけどさ
もっと!!
応援してくれたら
うれしかったと思う!!
子育ての目標①
子どもの
夢は
全力で
応援する
豆キチの
私立中学受験は
どうする?
こんな
中学校に
行って
勉強
したいな
自分で行きたいって
希望してるから
叶えてあげたいよね

宮城は中学受験する子は少数派…

オレが小6の時中学受験なんて
1ミリも考えたことなかったからスゴイよ
ずっとゲームしてたい
小6の夫
そうだよね…わざわざ大変な方を選ぶんだから
尊敬しかないよ
ずっとマンガ読んでたい
小6のアベ
私さ…
兄と姉が私立高校志望だったから子どもながらに親に気を使ってさ
双子の姉
2コ上の兄
私は公立目指すよ
本当は行きたい私立あるけど…
3人も私立じゃ親も大変だと思って
子どもにはそんな心配をさせたくないし
行きたい学校があるなら行かせてあげたい
長男はもちろんだけど下の2人も
子育ての目標②
進路はできるだけ希望を叶える!!
この2つの目標を叶えるためにはやっぱりお金がないとダメだよね
不安だよね
あと20年馬車馬のように働くしかないのか…
ちょっと待って…

今の仕事のペーススタイルであと20年仕事できると思う？
〆切りに追われるツマ
床で仮眠するツマ
寝不足＋コーヒーのみまくった跡
〆切が終了直後のボロボロのツマ
無理
あと20年も子育てするには
←ゴール
健康も大切じゃない？
今のままの生活じゃ
ゴール
子育て終わったと同時に倒れそうじゃん
バタン
20代半ばから子育てスタートしたんだから
老後はのんびり2人で旅行に行ったりしたいよね…
そんな生活するためには
健康
お金
この2つが必要だよね
子育ての目標③
子どもはもちろんだが親も健康であり続ける!!
でも健康的な生活をしようと仕事減らしたら意味ないし…
資産収入は？

でもさ…私もちょっとだけ資産運用してるけど…分配金なんてすずめの涙だし
それを増やすんだよ
キラン
運用額を増やしていこう
豆キチが大学に入るまでの6年で
労働
倹約
労働と倹約を超頑張って
貯金と資産運用を全力でやろう!!
投信
株式投資
積み立てNISA
貯金
年利5%で資産運用すると運用額が大きいと分配金も存在感が出てくるでしょ!?
運用額 / 分配金
10万円 ➡ 5千円
50万円 ➡ 2.5万円
100万円 ➡ 5万円
200万円 ➡ 10万円
500万円 ➡ 25万円
1000万円 ➡ 50万円
50万円も資産収入あるとインパクトある!!
私立中高の学費の1年分の大部分をカバーできるね
けど1000万円…遠いな…
もちろん教育費を資産収入だけで支払えたら理想だけど
どーもー
○○中学校
¥
配当金・分配金
さすがにそれは現実的じゃないから
学費
貯金から
配当金から
一部でも支えてくれたら楽になるでしょ

そして学費の支払いが終わった暁には
モナカちゃんお仕事がんばってね
パパママ!!
ありがとう!!
これ食べてね
目標設定はできたね!!
お互いスマホのメモに入れていつでも見られるようにしておこう
夫婦の目標
夫婦の目標
みんな巣立ったね
そうじゃの～
自分たちの老後の生活費に使おうよ
さてと…どの目標もまずはお金を貯めないとダメよね
そうだねー
わ～それいいな～…
資産運用頑張りたくなってきたぞ～!!
ぐっ
労働は今のペースが限界な気がするから…
まずは倹約だね
子育ての目標④
資産収入を増やすために労働と倹約頑張る!!
とりあえず節約の方法とか調べてみようか
オッケー!!
こうして私たち夫婦は動き出したのであった

【第4章】こだわり一軒家を手放す!?

せっかく家計を見直したのに家にお金がかかりすぎてる
ズゴー!!
キャーーッ

家じゃね?

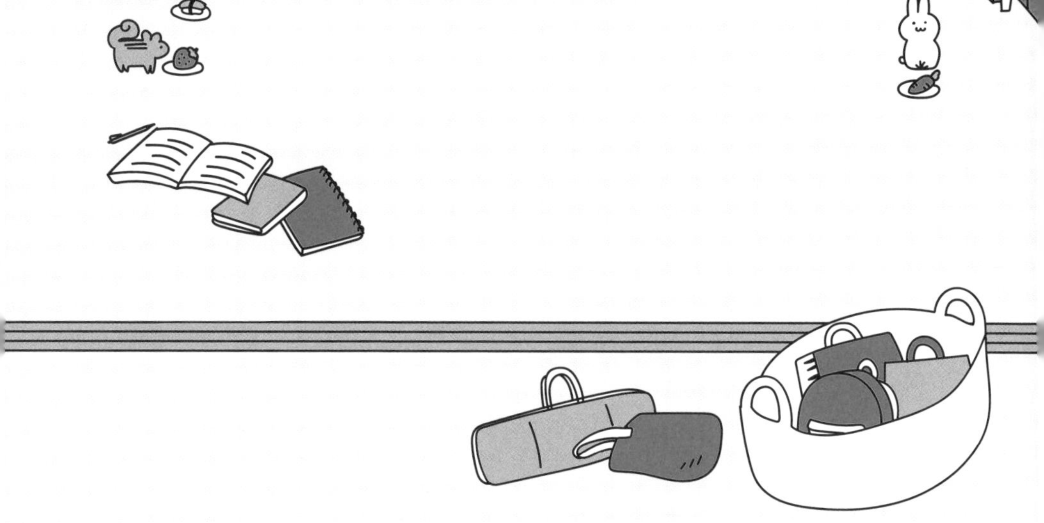

10話 必殺！夫の固定費削減無双

夫婦あれこれ
リサーチした結果
節約
倹約
節約ってついつい電気をこまめに消したりめっちゃ節水したり食費を切りつめるイメージだけど…
パチッ
もやし
効果的な方法は…
固定費への削減!!
固定費とは?
・住居費
・水道光熱費
・通信費
・保険料
・教育費
・自動車維持費
ほかにもサブスクサービスや習い事の月謝も固定費に入る
動画見放題
固定費を1度見直すと毎月の支出が減ってって
節約の効果もずっと続くってことらしいよ
電気を消しまくったり頑張りすぎの節水は大変だもんね…
おフロさむい
やったな〜一人暮らし時代に…
小手先の節約よりストレスも少なそうだね
うちでやるならスマホ乗り換えとか保険の見直し?
うーんどれも面倒だなー
ピクッ

面倒なんて言ってられないでしょ!!
やらなきゃいけないのだ!!
そ…そうだよね
この日から夫の固定費削減無双が始まった
住居費は住宅ローンだから削減はできないので
まずはスマホをすべて
格安スマホに乗り換える!!
ドーン
我が家にはスマホが全部で4台
タブレットも1台契約している
みんなiPhone
連絡用
動画ゲーム用
iPad
一人1台持ちとなった今大手キャリアを使っている我が家の1カ月の通信費は
毎月なんと
約5万円
ドカーン!!
よくよく考えると5万円って一人暮らしならもう家賃だよね…
じゃあ5台分格安スマホに…
いや…格安スマホにするのは
3台だ!!

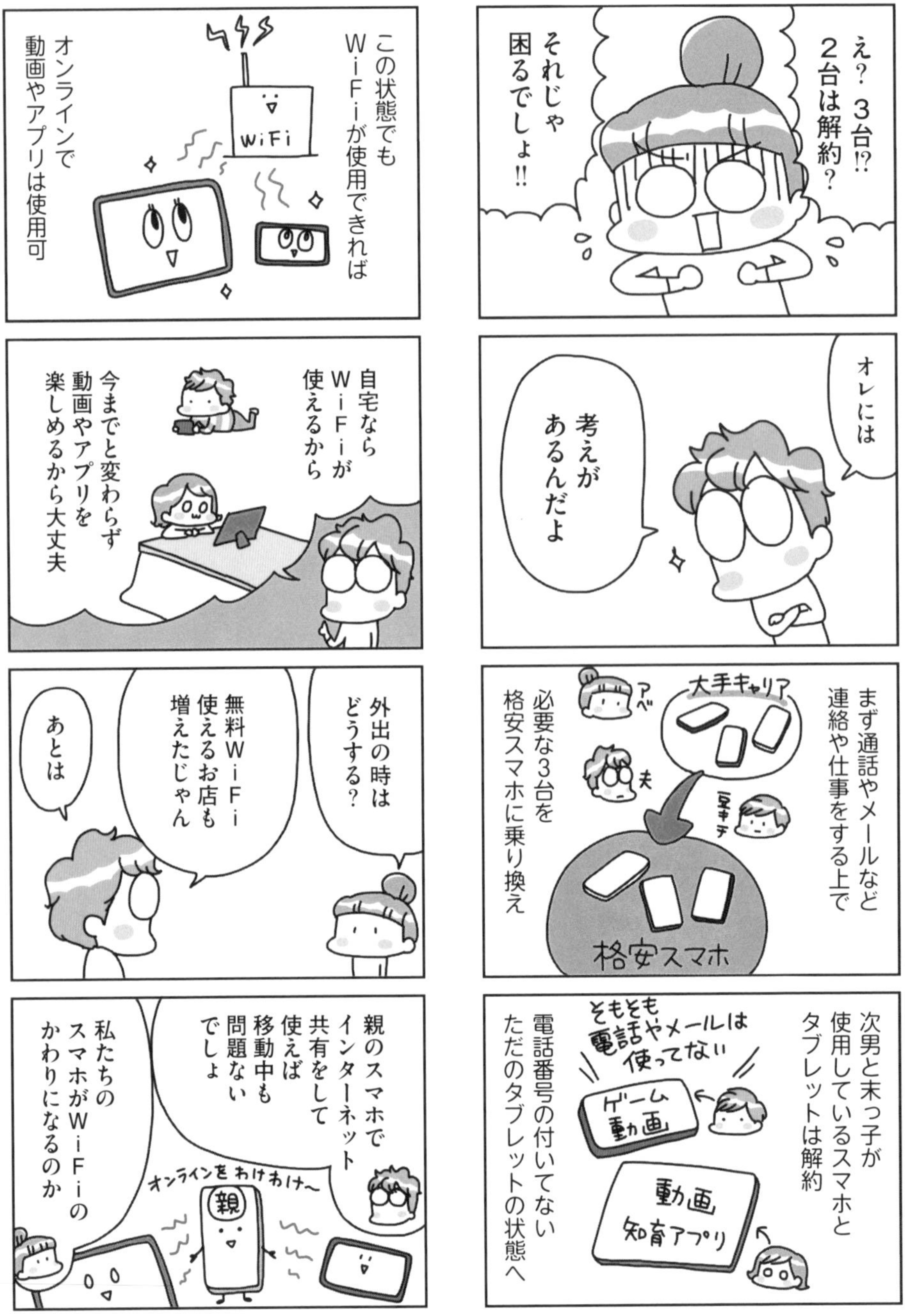
え？ 3台!? 2台は解約？
それじゃ困るでしょ!!
オレには
考えがあるんだよ
まず通話やメールなど連絡や仕事をする上で
大手キャリア
夫
格安スマホ
必要な3台を格安スマホに乗り換え
次男と末っ子が使用しているスマホとタブレットは解約
そもそも電話やメールは使ってない
ゲーム 動画
動画 知育アプリ
電話番号の付いてないただのタブレットの状態へ
この状態でもWiFiが使用できれば
WiFi
オンラインで動画やアプリは使用可
自宅ならWiFiが使えるから
今までと変わらず動画やアプリを楽しめるから大丈夫
外出の時はどうする？
無料WiFi使えるお店も増えたじゃん
あとは
親のスマホでインターネット共有をして使えば移動中も問題ないでしょ
オンラインをわけわけ～
親
私たちのスマホがWiFiのかわりになるのか

そして決行された格安スマホへの乗り換え
乗り換えでスマホ代は半分になり…
年間で
約30万円の節約に!!
すごい…30万円あったら沖縄とかに家族で旅行に行けちゃう!!
さっ次は保険を見直すよ
使ったらダメでしょ
まず子ども用の入院保険を解約する
え!?
ジュニアなんとか入院保険
なんかあったら不安だし…月々子ども一人２千円だよ
1人2000円×3人
=1ヵ月6000円
1年で72000円
カリ
カリ
子どもは医療費助成もうちは使えるし
次男が１歳の時５日間入院したけどほとんどお金かからなかったでしょ
肺炎
ゴホゴホ
毎年入院するようなこともないし
保険の分貯金に回して備えようよ
10年貯めたら72万だよ
大人の保険は今は一人月１万円くらいだけど…
もう少し保障をミニマムにして月々の支払いを少なくしたいね
入院保険
ガン保険
女性特有

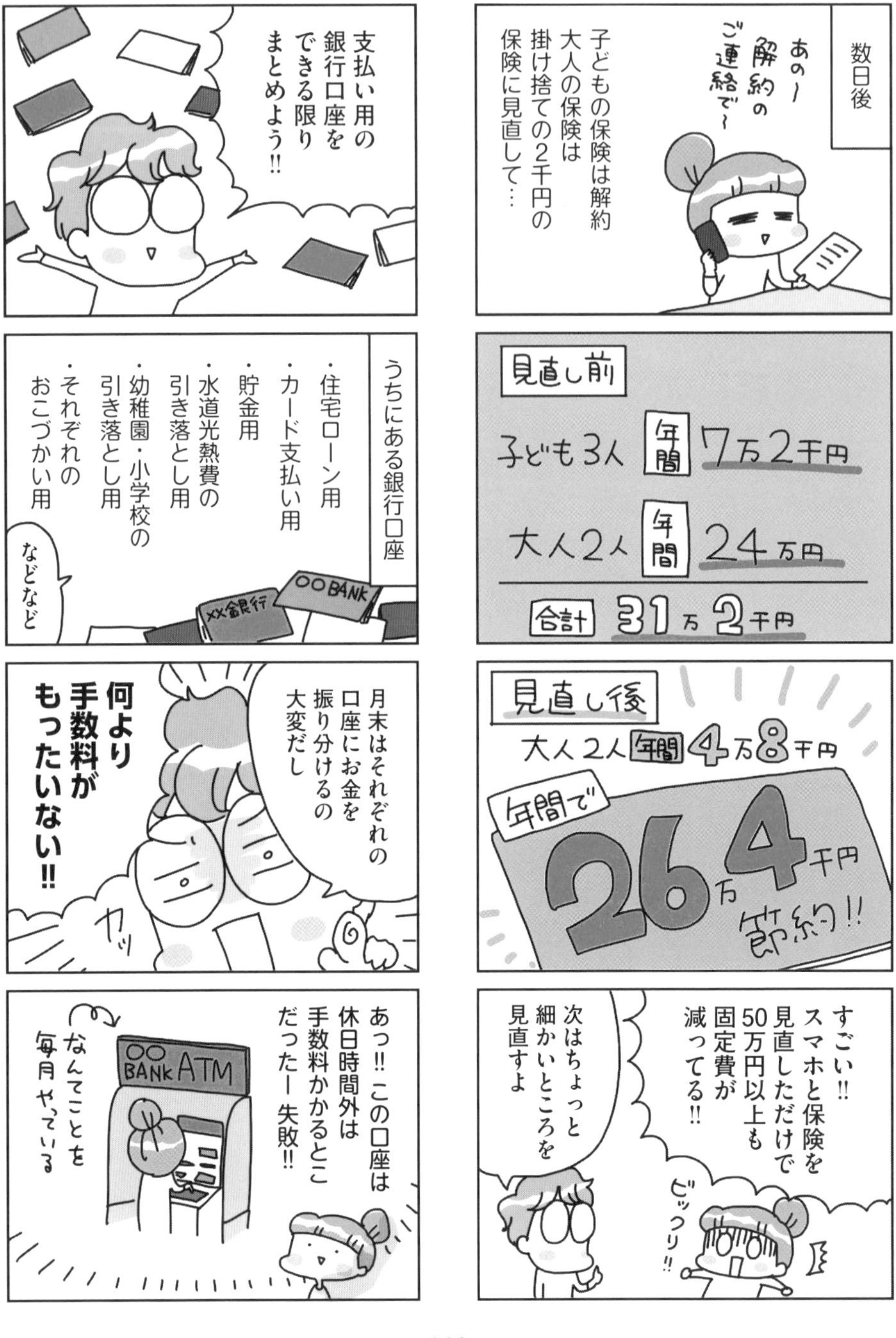

数日後
あの〜解約のご連絡で〜
子どもの保険は解約
大人の保険は
掛け捨ての2千円の
保険に見直して…
見直し前
子ども3人 年間 7万2千円
大人2人 年間 24万円
合計 31万2千円
見直し後
大人2人 年間 4万8千円
年間で 26万4千円 節約!!
すごい!!
スマホと保険を
見直しただけで
50万円以上も
固定費が
減ってる!!
ビックリ!!
次はちょっと
細かいところを
見直すよ
支払い用の
銀行口座を
できる限り
まとめよう!!
うちにある銀行口座
・住宅ローン用
・カード支払い用
・貯金用
・水道光熱費の
引き落とし用
・幼稚園・小学校の
引き落とし用
・それぞれの
おこづかい用
などなど
○○BANK
××銀行
月末はそれぞれの
口座にお金を
振り分けるの
大変だし
何より
手数料が
もったいない!!
ヤッ
あっ!! この口座は
休日時間外は
手数料かかるとこ
だった! 失敗!!
○○BANK ATM
なんてことを
毎月やっている

過去1年の手数料を計算したら
約1万円
ちりつもでこんなになってました
口座は
・支払い用
・貯金用
・それぞれのおこづかい用
この3種類にまとめましょう
はい
そして徹底的に
クレジットカード
OXPay
コード決済
キャッシュレス決済にしよう!!
今の家計を見るとカードで払うか現金で払うか気分次第みたいだから
たしかに…
現金なかった!! カードで!!!
ギクッ
できるだけカードで払って
ポイントを貯めよう!!
ポイ活
現金はポイントつかないもん!!
たしかに…全部カードで払ったら
年間で数万単位のポイントになりそう!!
あとは車だけど
ガソリンの節約!!
今後の車検のタイミングでもっと燃費のいい車種に買い換えも考えようね
ハイブリットカーとか
夫の固定費削減無双により
スゲー
我が家の家計は激変したのでした

もっと知りたい家のこと④

はじめの一歩で、毎月7万円が浮いた！
アベ家の固定費削減まとめ

改めてになりますが、固定費とは、
①住居費 ②水道光熱費 ③通信費 ④保険料 ⑤教育費 ⑥自動車維持費
⑦定額サービス費 など。一度手続きをすれば、特に意識しなくても継続的な節約効果が得られます。何から手をつけたら…と悩む人に、アベ夫からの**おすすめは、何と言っても③通信費と④保険料**。それに付随してうちは銀行口座と支払い方法も整理したわけですが、これだけでも年間57万4千円＋ポイント数万円分が浮いた！ これでエンジンがかかったアベ家は、**結果的に①〜⑦すべてを削減することに成功**するのです。

同時に、アベの個人的固定費も見直しました。基礎化粧品やネイル代のほか、年間で考えると大きかったのが下着代。第3子出産後、着心地と機能性に完全シフトしていたので（笑）、この機会にすべてユ●クロの黒のブラトップ×シームレスパンツを同サイズで4組揃えました（白い服を着る日用にベージュも1組）。セールの時期に見直して必要な枚数を買い替えるだけなので、費用はもちろん時間と手間も省けて大成功でした！

アベ夫いわく、**固定費を見直すコツは〝自分軸〟をもつ**こと。特に、自分たちにとって〝不要な〟ものをハッキリさせることで、無理なく進めることができたかなと思います。

【アベ家の家計簿（一部）】

	BEFORE	現在	削減ポイント
通信費	￥50,000	￥25,000	スマホ4台+タブレット1台➜格安スマホ3台に
保険料	￥26,000	￥4,000	医療保険（大人2人）+入院保険（子3人）➜掛け捨て医療保険（大人2人）に
銀行手数料	￥840	￥0	銀行口座手数料を7つから①支払い用②貯金用③おこづかい用の3つに
基礎化粧品代	￥15,000	￥4,000	デパートコスメのライン使い➜ドラッグストアコスメのライン使いに！
ネイル代	￥13,000	約￥0	3週間ごとのサロンでジェルネイルをやめました！

ツメがすぐ伸びる私はたまにセルフマニキュアがちょうどいい！

月￥71,840削減！

11話 もしや家もお片付けの対象？

その後も複数契約していたサブスクサービスを見直したりし続けた…
子どもも大人もよく見てるのは決まってるな…
じー…
他のは解約しよ
わ〜すごい
固定費を見直しただけで1カ月の支出が全然違う!!
貯まる〜
むしろなんで今までちゃんと固定費を見直さずに生きてきたのか…
まぁ過去のことはしょうがないよ
ズーン
もっと早くやれば…
ハハハ
毎月の支出がスマートになって
はじめての真冬
アベはだいたい〆切りに追われて
夜中まで仕事をしている
今夜は冷えるな〜
さむさ対策
ピロリーロ ピーロリーロ
あ…
ピ
給油かぁ…

ジュゴー
ジュババババッ
ピーピーピー
あれれ もうなかった灯油!!
うーんちょっとしか給油できなかったな
かるっ
明日の朝ファンヒーター使えないとみんな辛いよね…
チャポチャポ
よし!! 今夜の仕事はエアコンで乗り切ってファンヒーターを朝使えるようにしておこう!!
ピピッ
ボボ
さっむ
フル
フル
フル
我が家の構造上吹き抜けを通じてあったためた空気は2階へ…
ホカホカ
私が夜中にたった一人で原稿描くためにこの20畳のリビングをあたためるって無駄では!?

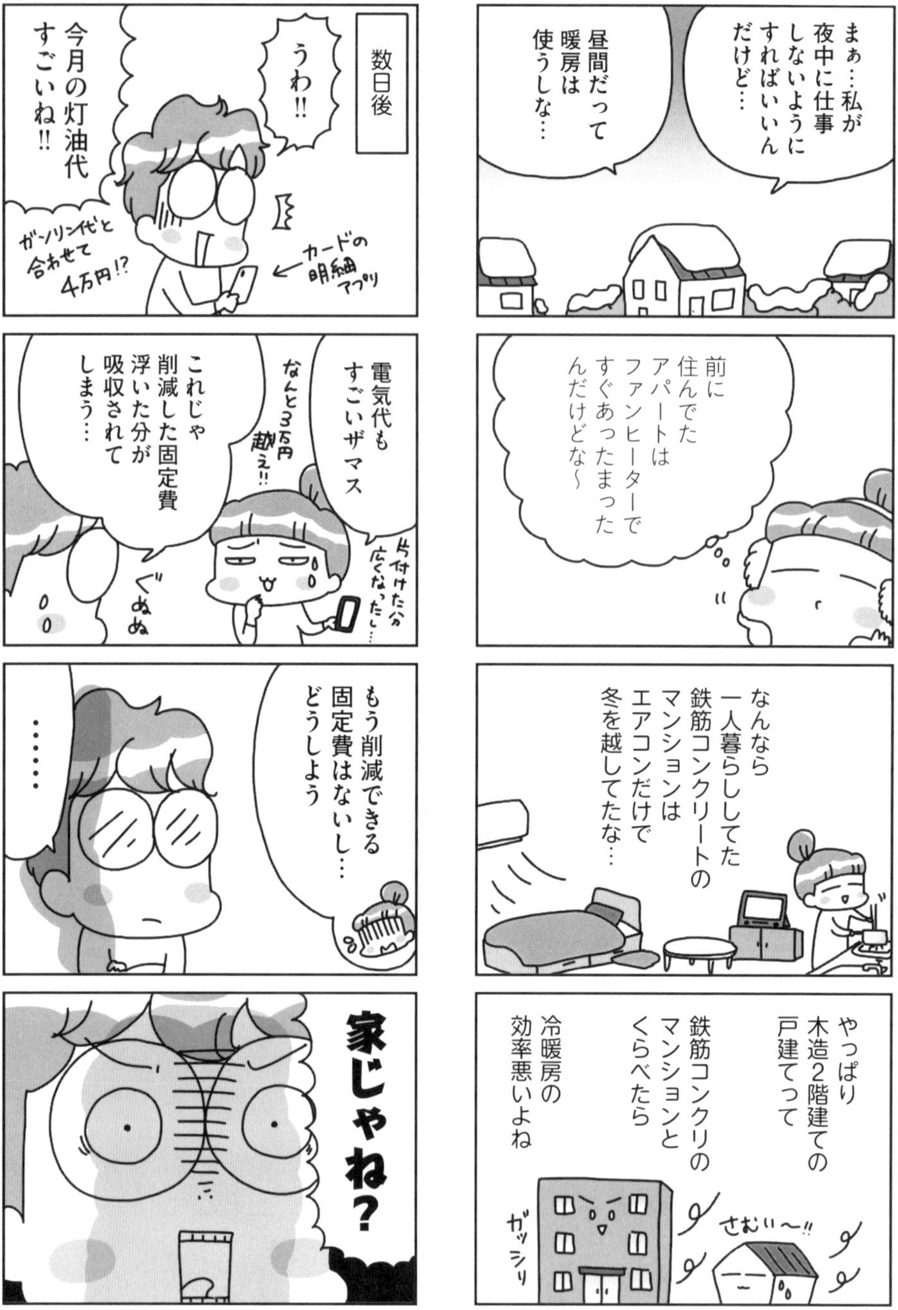
まぁ…私が夜中に仕事しないようにすればいいいんだけど…
昼間だって暖房は使うしな…
前に住んでたアパートはファンヒーターですぐあったまったんだけどな〜
なんなら一人暮らししてた鉄筋コンクリートのマンションはエアコンだけで冬を越してたな…
やっぱり木造2階建ての戸建てって鉄筋コンクリのマンションとくらべたら冷暖房の効率悪いよね
ガッシリ
さむい〜!!
数日後
うわ!!
今月の灯油代すごいね!!
ガソリン代と合わせて4万円!?
カードの明細アプリ
電気代もすごいザマス
なんと3万円越え!!
これじゃ削減した固定費浮いた分が吸収されてしまう…
片付けた分広くなったし…
ぐぬぬ
もう削減できる固定費はないし…どうしよう
……
家じゃね?

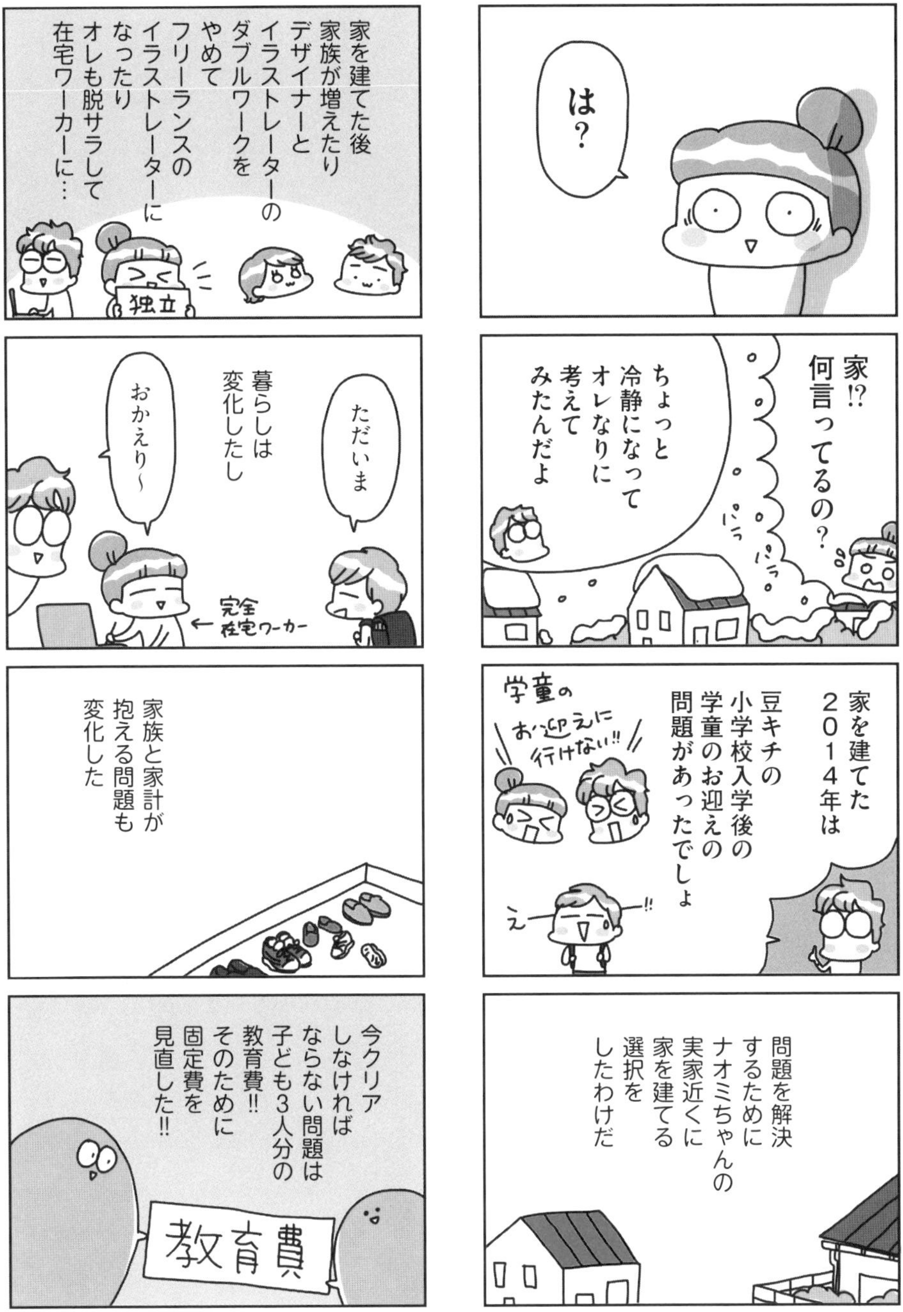
は？
家!? 何言ってるの？
ちょっと冷静になってオレなりに考えてみたんだよ
パラ
パラ
家を建てた2014年は豆キチの小学校入学後の学童のお迎えの問題があったでしょ
学童のお迎えに行けない!!
え—!!
問題を解決するためにナオミちゃんの実家近くに家を建てる選択をしたわけだ
家を建てた後家族が増えたりデザイナーとイラストレーターのダブルワークをやめてフリーランスのイラストレーターになったりオレも脱サラして在宅ワーカーに…
独立
ただいま
暮らしは変化したし
おかえり～
完全在宅ワーカー
家族と家計が抱える問題も変化した
今クリアしなければならない問題は子ども3人分の教育費!! そのために固定費を見直した!!
教育費

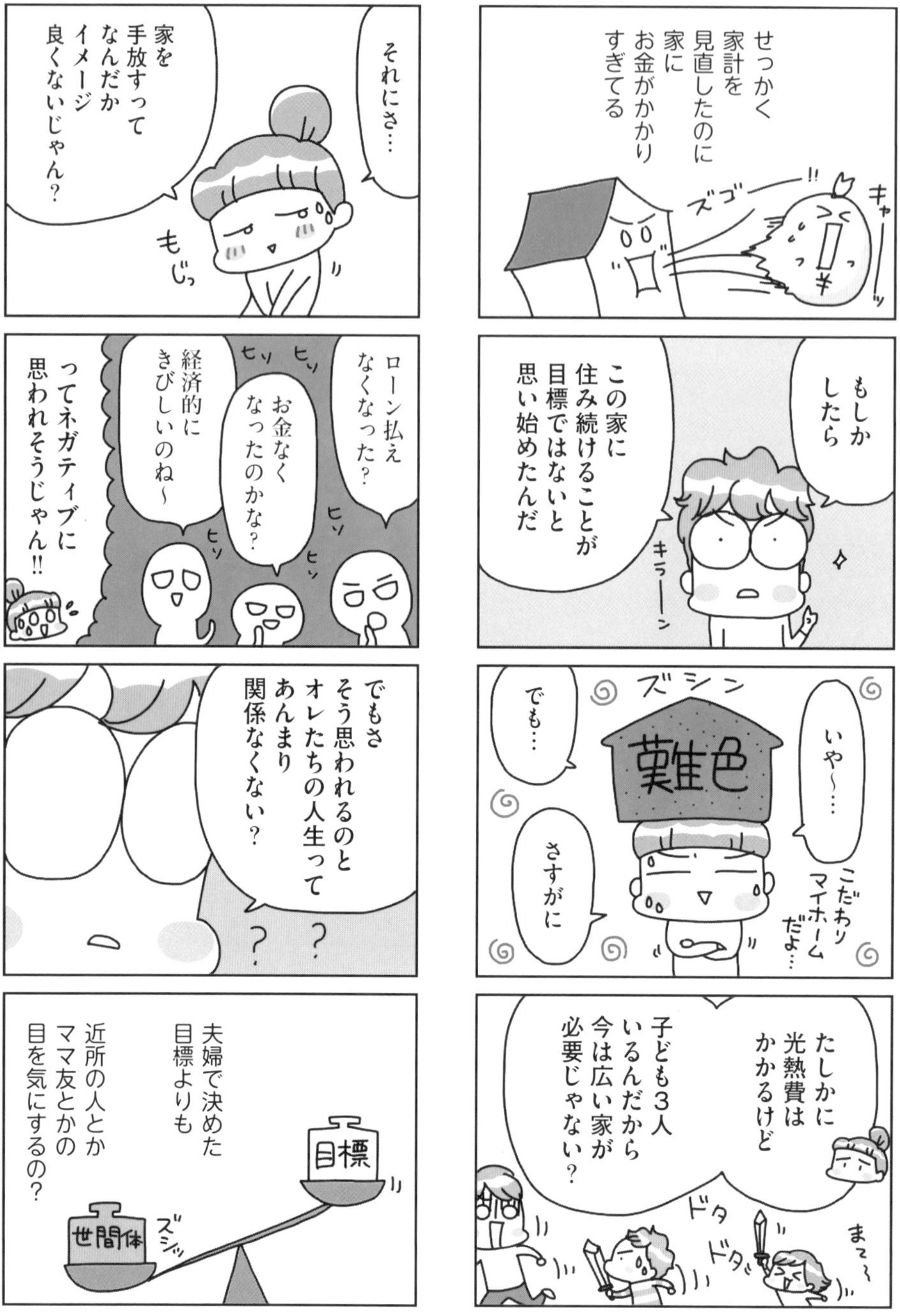

せっかく家計を見直したのに家にお金がかかりすぎてる
ズゴーー!!
キャーーッ
もしかしたら
この家に住み続けることが目標ではないと思い始めたんだ
キラーーン
ズシン
難色
いや～…
こだわりマイホームだよ…
でも…
さすがに
たしかに光熱費はかかるけど
子ども3人いるんだから今は広い家が必要じゃない？
ドタ
ドタ
まて～
それにさ…
家を手放すってなんだかイメージ良くないじゃん？
もじっ
ローン払えなくなった？
お金なくなったのかな？
経済的にきびしいのね～
ヒソ
ヒソ
ってネガティブに思われそうじゃん!!
でもさそう思われるのとオレたちの人生ってあんまり関係なくない？
？
？
夫婦で決めた目標よりも
近所の人とかママ友とかの目を気にするの？
目標
世間体
ズシッ

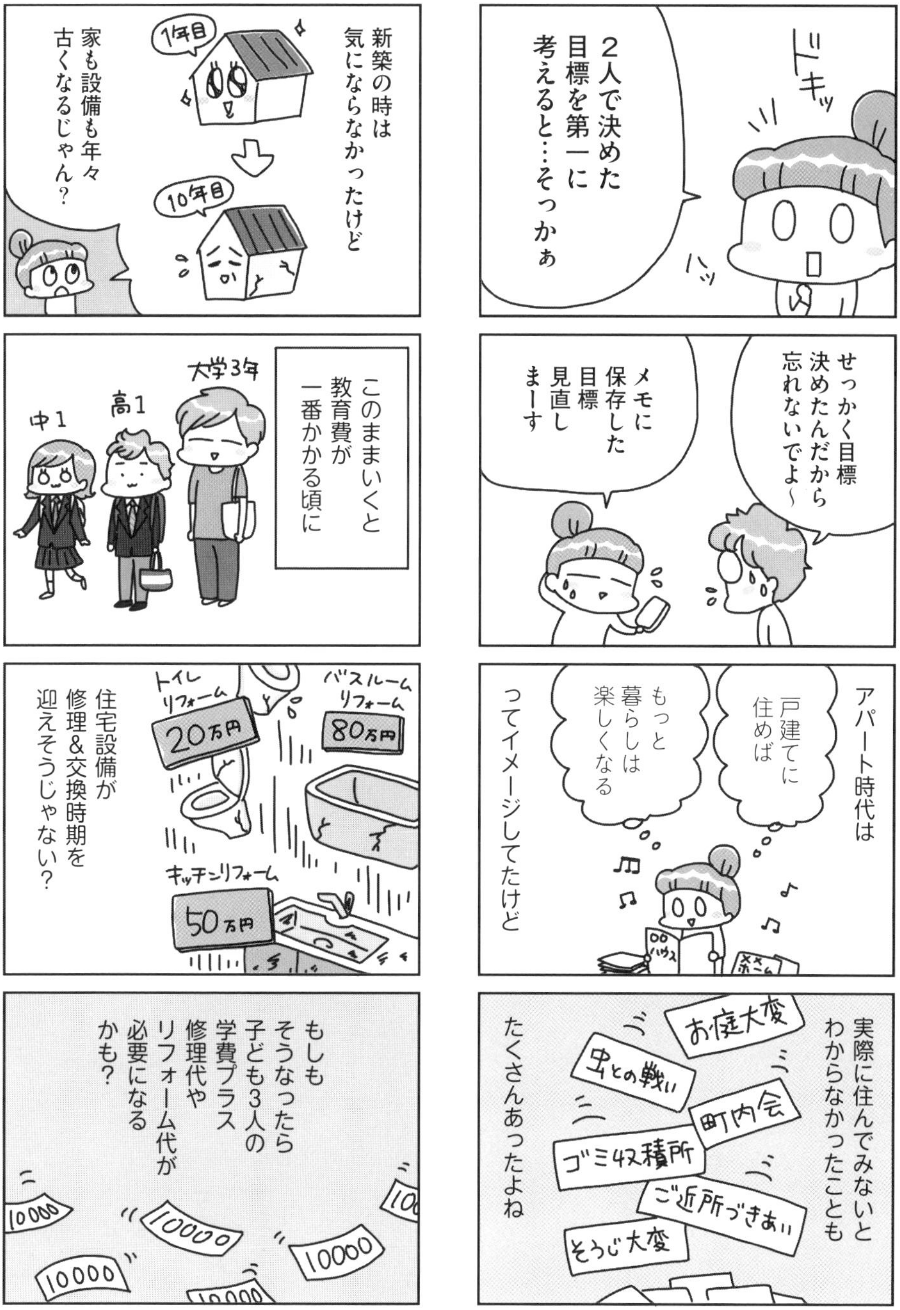
ドキッ
2人で決めた目標を第一に考えると…そっかぁ
ハッ
せっかく目標決めたんだから忘れないでよ〜
メモに保存した目標見直しまーす
アパート時代は
戸建てに住めば
もっと暮らしは楽しくなる
ってイメージしてたけど
実際に住んでみないとわからなかったことも
お庭大変
虫との戦い
町内会
ゴミ収積所
ご近所づきあい
そうじ大変
たくさんあったよね
新築の時は気にならなかったけど
1年目
10年目
家も設備も年々古くなるじゃん？
このままいくと教育費が一番かかる頃に
大学3年
高1
中1
トイレリフォーム
20万円
バスルームリフォーム
80万円
キッチンリフォーム
50万円
住宅設備が修理&交換時期を迎えそうじゃない？
もしもそうなったら子ども3人の学費プラス修理代やリフォーム代が必要になるかも？
10000
10000
10000
10000

そうなると ますます
家を持ち続けるのは目標と合わなくなるね…
トイレは2つだから2倍…
子どもたちにも家のことを聞いてみることにした
え?
この家から引っ越すかも?
まっ…まだ決まったわけじゃないよ!!
ただこの家をどう思ってるかな～って…
う～ん オレはピアノが弾ければいいよ
まぁ～もう少し都会に住めたらいいなぁ
次男はというと…
ボクはね住んでみたい家があるの!!
マンガとかアニメに出てくるビルみたいな家!!
マンガアニメ大好き♡
あぁ…マンションね
長女は…
お城に住むの!!
3才プリンセス期であった
思ってたよりこの家にだれも執着してなかったね
執着してたのは親だけだったのかもね…

コクッ
持ち家を
手放そう!!
目標のために!!
って!!
ちょっと待って
持ち家を
手放すとして
次の住み家は!?
我々夫婦は
庭の手入れも
家の手入れも
苦手だ…
なんならオレは
日曜大工も
できない男だ
町内会のことで
心がザワザワしたり
回覧板
ごみ集積所の
そうじ当番を
失念してあわてたり
ゴミ
収積所
そうじ当番
○○町内会
○班
オレたちに
庭付き一軒家は
合ってなかったんだ
帰ろう
賃貸に
うん
アベの人生最大の
生前整理が始まる

12話 そうだ住み替えYO!

家を手放すと決心して まずは近居している両親に報告することに…
ええ!? 家を手放す!?
怒られたり反対されるかと思いきや…
まぁ…もう決めたことなんでしょ?
やると決めたらぶれないのは昔からだし
夫婦・家族でしっかり話して好きにしなさい
両親
OKがでました
私の性格をよくわかってる両親に感謝
まずはこの家をどうするかだよね
うーん
あ!!
不動産屋さんの知り合いに相談してみるよ!!
ある日 姉とランチ中
え!? 家を手放す!? 売るの!? 貸すの!?
アベ姉
とりあえずは不動産屋さんに相談しようと思ってて…
売れるかわかんないけどね
うちで買いたい!!
え?
今…自宅を写真スタジオにしようと思って
引っ越し先を探してたんだよね
プロカメラマンをしている

マ…マジ?
幸運にも家は姉夫婦が買い取ることに
マジ!!
長女が住むならオールオッケー!!
両親にとっても良い結果になりました♪
いや〜お姉さん夫婦に感謝しかないね…
次は新居探しだね!!
もうすぐ豆キチの中学受験じゃん?
通学に便利な駅が近い場所がいいのかな〜?
お父さんお母さん…
もじ
もじ
もしも志望校に受かったらさ…オレ…
電車もバスも乗り物酔いするから!!
できれば歩いて登校したい!!
学校に歩いて…!?
その発想なかった!!
徒歩で行ける場所なら交通費も浮くし!!
それいいね!! 通学時間が短くなればピアノの練習時間も確保できるしね!!
キーンコーン
カーンコーン

もし志望校が不合格だったら？
仙台市内の評判のいい公立中学校の学区内に引っ越そう!!
まずはさ夫婦の目標に合う引っ越し先の条件を決めておこうか!!
うん!!
条件その①
豆キチの志望校の近所か仙台市内の中学校の学区であること
条件その②
賃貸マンションであること
戸建ての借家は夫婦共に向いてない
防音性を考えるとアパートはなしかな…
条件その③
公共交通機関が充実している利便性の良いエリア
現在2台の自家用車を1台に減らしたい
条件その④
家賃が今の戸建ての月々の返済額より安いこと
大切!!
固定費削減
条件その⑤
ハザードマップでさまざまな災害の心配のないエリア
アベ 防災士なのでここはゆずれない!!
仙台市ハザードマップ
防災士
うんうんなんかしぼれてきたね
間取りとかこだわりの条件ある？
ある!!
カリカリ

間取りの条件①
カウンターキッチンじゃないキッチン!!
キッチンがオープンすぎてリビングへの匂いや汚れが気になったの…
間取りの条件②
できれば角部屋!!
子ども3人はうるさいから…お隣さんに申し訳ないからね
間取りの条件③
お風呂に窓がない
たしかに…今の家のお風呂窓があって冬寒いよね…
ガス代節約したい!!
間取りの条件④
西向きじゃない!!
アベは西日が大の苦手!!特に夏は夕方暑くて冷房費がかさむ!!
ビカー!!
間取りの条件⑤
トイレに小さくても窓がある
震災の時アパートのトイレに窓がなくて停電中不便だったからね…
まっくら
ちなみに豆キチのピアノをどうするかと言いますと…
お部屋の中に置ける
テッテレー!!
防音室!!
ちょっと大きな出費にはなるけど
車を1台手放したり生活コストが下がればなんとかなりそうだ
パチ
パチ

さすがに分割払いになるけど
調べてみたらこのタイプの防音室は中古も人気で使い終わったら楽器店で買い取ってくれるみたいだよ
資産になる
リセールバリューが高い!!
防音室あったら私も仕事で使うかも!!
電話取材とかも多いし!!
オンラインのミーティングとかセミナーとかで!!
防音室があれば子どもが在宅でも音が気にならないもんね!!
仕事にも使えるなら収入アップにつながるしこれは買って活用しよう!!
わい わい
まずは出た条件に合う物件をネットで探して防音室とピアノが置けるか交渉しようか!!
OK!!
条件に合う物件を数軒目星をつけて…
内覧する前に外観と周辺環境を見に行こう!!
道路せっま!!
トラックとか通れない!!
マンションのゴミ集積所があれてる!!
カー カー
マンションのすぐ隣にボロボロの空き家
倒壊や火災のリスク
カー カー
などなどネットだけでは見えないところをチェック!!
親がバタバタしているうちに豆キチの中学受験が終わり…
ピコン
○○中学校
豆キチさん
合格
おめでとうございます

今どき合否はアプリで届く…!?びっくりしました

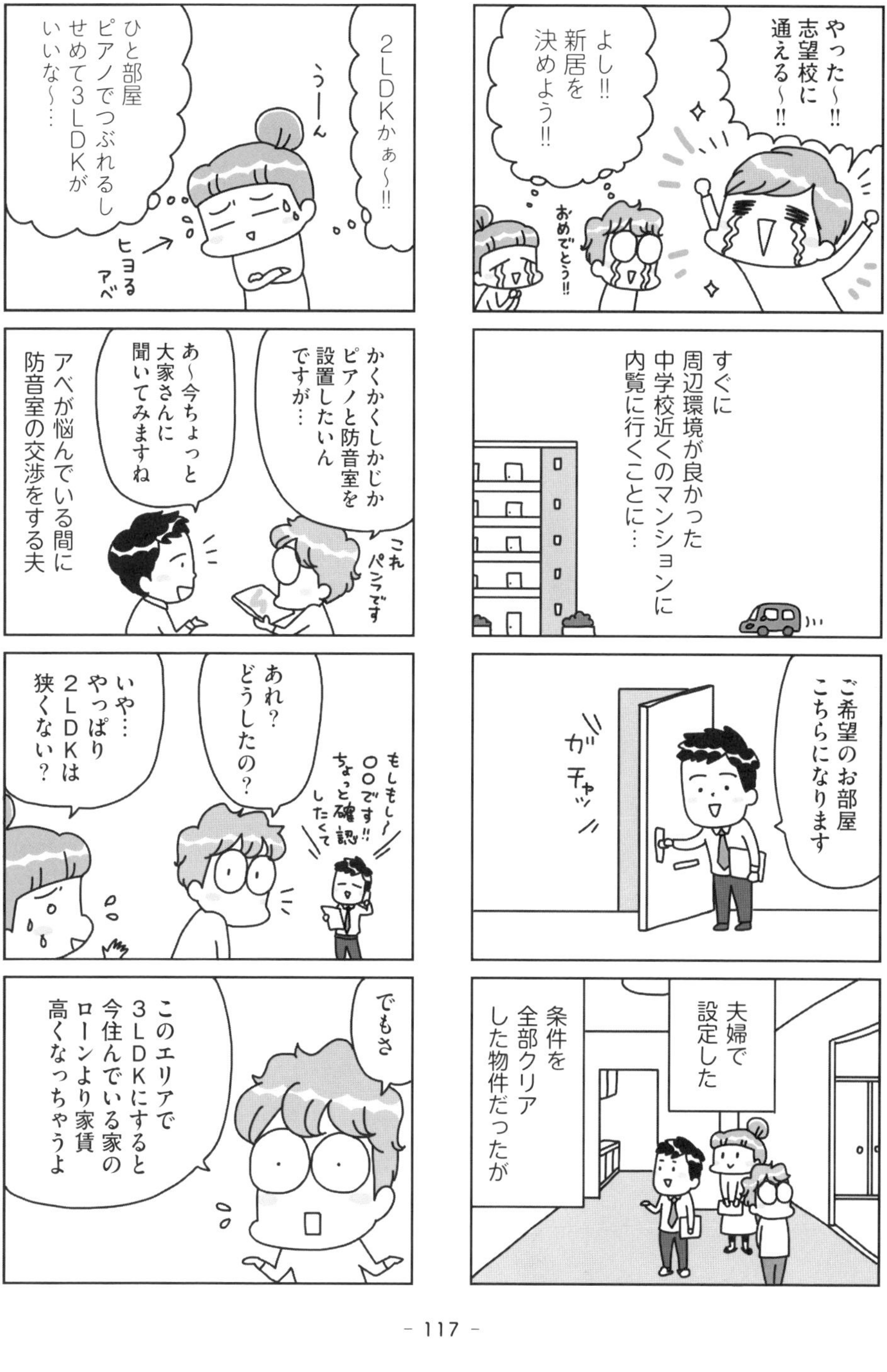
やった〜!! 志望校に通える〜!!
よし!! 新居を決めよう!!
おめでとう!!
すぐに周辺環境が良かった中学校近くのマンションに内覧に行くことに…
ご希望のお部屋こちらになります
ガチャッ
夫婦で設定した
条件を全部クリアした物件だったが
2LDKかぁ〜!!
うーん
ひと部屋ピアノでつぶれるしせめて3LDKがいいな〜…
ヒヨる アベ
かくかくしかじかピアノと防音室を設置したいんですが…
これパンフです
あ〜今ちょっと大家さんに聞いてみますね
アベが悩んでいる間に防音室の交渉をする夫
あれ? どうしたの?
もしもし〜 ○○です!! ちょっと確認したくて
いや…やっぱり2LDKは狭くない?
でもさ
このエリアで3LDKにすると今住んでいる家のローンより家賃高くなっちゃうよ

なんで引っ越すか理由を思い出して
固定費を下げて教育費を増やすためだよ
あと資産を増すことね
夫婦の目標
ハッ
それにここが終いの住み家になるわけじゃないでしょ
ああそっか賃貸だもんね
この物件はただの通過点にすぎないよ
豆キチが大学進学して家を出たらまた家族の課題は変化するだろうし
じゃオレは
ひとり暮らしがんばるね～
6年後
そうだね…目標を忘れるとこだった
もっと家具を減らせば2LDKでも暮らせそうだもんね
腹を括ろう!! 2LDKで!!
あの～大家さんに確認したら
夜中にピアノを弾かなければOKだそうです
21時くらいまでで～
え!? いいんですか!! よかった～!!
ここに決めます!!
よかった～防音室NGだったら戸建て賃貸しかないかもって思ってたから…
次は楽器店で防音室を購入しないとね!!
よーし!! 忙しくなるぞぉ～!!
いよいよ引っ越しと子ども3人の進学・入園準備が始まる

お話を伺ったのは
LIFULL HOME'S 事業本部プロダクトプランニング部
古谷圭一郎さん　矢路川健司さん

もっと知りたい家のこと⑤

住宅・不動産に詳しい「LIFULL」で聞いてみた
〝不動産売却〟一般的な流れを教えてください！

アベ　家を手放そうかと思った当初、ネットで不動産売却の流れを調べてみたんです。私にとってはけっこう複雑で、「うわ〜」と愕然としたんですよね。

矢路川　なるほど。一般的な不動産（中古）の売買のざっくりした流れはこうです。

①不動産会社に査定依頼をする
②家の販売をお願いする不動産会社を選ぶ（媒介契約の締結）
③販売活動を行う（広告、オープンルーム、内見など）
④買主からの申込　⑤売買契約の締結　⑥決済、引き渡し

③以降は不動産会社が入るので、「うわ〜」と思うのは①と②かもしれません。**自宅の売却は、〝商売〟です。**何かを売ろうとする時、まず場所や価格帯を調べますよね。さらに自分にない知識や人脈の部分を補ってくれる、信頼できるパートナーも必要です。

アベ　なるほど！　つまり①と②が最初にして最大の難所ということですね。だって、不動産会社って、ものすごーく色々あるから…。

矢路川　不動産会社は今や、コンビニよりも多いと言われています。土地勘に優れている地域密着型、知名度という安心感がある大手、斬新なサービスを提案する新興組などがありますから、**「選択肢がたくさん！」というプラス思考で、複数の不動産会社に査定して**

もらって、いいところや、営業担当者との相性を見ましょう。

古谷　同時に、**査定額から、自宅の適正な相場を把握**してください。ネットでも情報収集することをおすすめします。例えばこの「プライスマップ」は、あくまでも広告価格なのですが、同じ地域で同じような物件の価格や推移も見られるので、相場感が丸わかりです。不動産会社が提示してきた査定価格にも、疑問が持てるようになるんです。

矢路川　一般的に築20年以上の建物は低い評価をされがちですが、土地はまた別の評価になります。**建物と土地それぞれの査定価格を確認**しておくといいと思います。

古谷　築20年未満でも、**設備の状態は査定の大きなポイント**。壊れがちな給湯器やインターホン、トイレなど、設備の不具合は事前に把握しておきましょう。

アベ　壊れている部分は、基本的に売主が直さないといけないのでしょうか？

矢路川　一般的に現状のままというケースが多いですが、ここでも大事になってくるのが不動産会社。「現状渡し」であることを、売主にも買主にも誠実に説明・対応してくれるか。

古谷　自分たちが提示した**査定価格について「この価格になります、なぜなら…」と根拠や販売計画をしっかり説明してくれる不動産会社も、信頼がおけます**よね。

アベ　な、なるほど！　今、イメージが湧きました。数ある不動産会社から「ここなら大切な資産を任せられる！」と思える1社を選び取れるというイメージが！

古谷　不動産は常に動いていますが、特に動きやすいのが**1～3月**。つまり、不動産会社に余裕がある**秋にいろいろと比較検討**して、年内に気になる1社以上と媒介契約を結び、**年明けに向けて販売活動**…というスケジュールがベストかもしれません。

アベ　完璧～！　やっぱりプロの方に聞くと全然違いますね。ありがとうございました！

（相場把握の参考に）プライスマップ　https://lifullhomes-satei.jp/price-map/

【第5章】家族5人で賃貸生活へ！

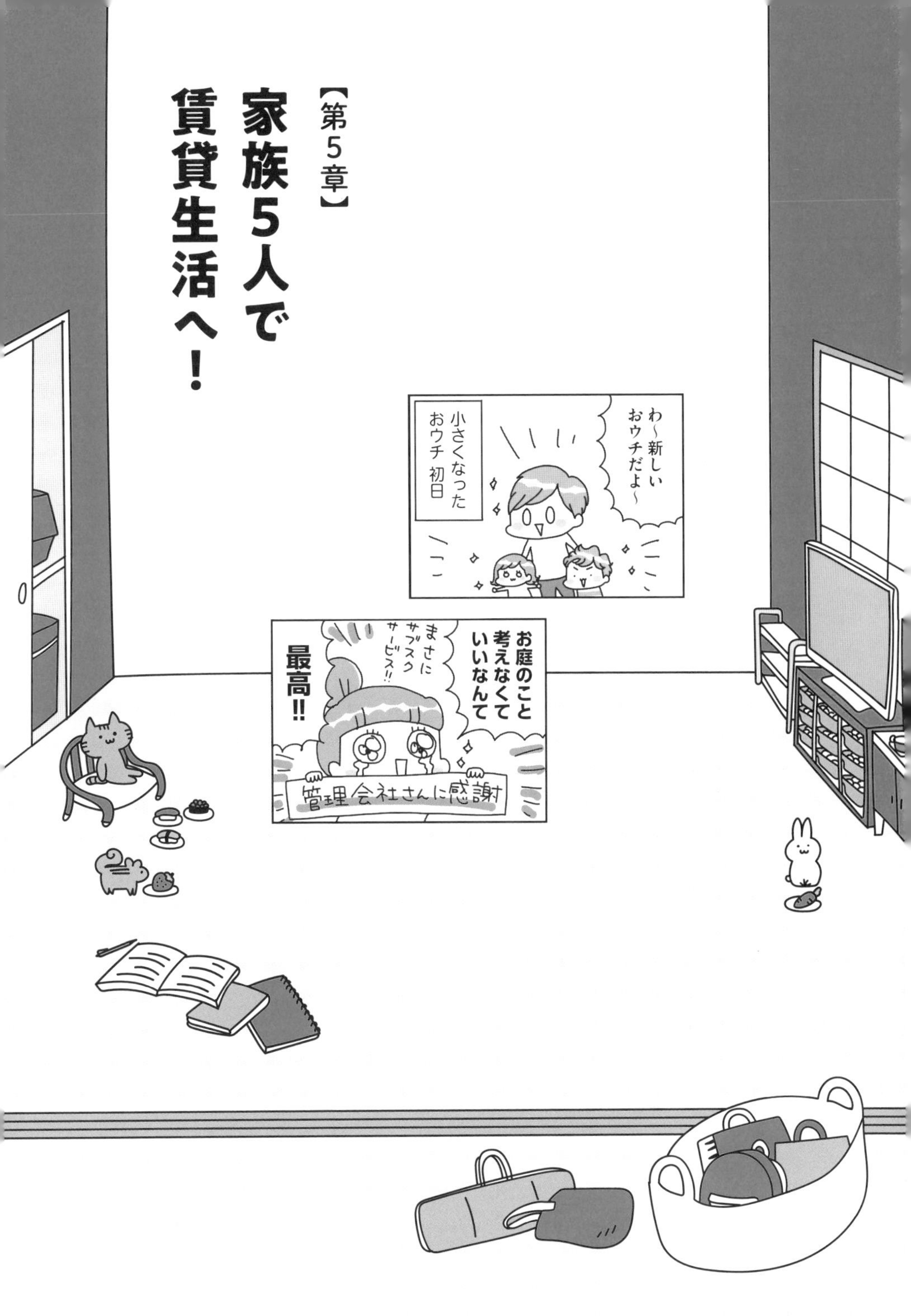
わ〜新しい おウチだよ〜
小さくなった おウチ 初日
お庭のこと 考えなくて いいなんて
まさに サブスク サービス!!
最高!!
管理会社さんに感謝

13話 ただいま賃貸生活

2022年 1月末
ふぅ…
新居も決まったし忙しくなるね…
とにかくやるコトをリストにして
順番にやっていくしかないね～
助かりまーす
カリカリ
まず楽器店で防音室を購入
すぐ新居の賃貸マンションで
管理会社さん立ち会いで設置の打ち合わせ
ピアノの引っ越しと防音室の設置のスケジュールが3月下旬に決定!!
ドナドナ
調律も予約せねば…
子ども3人の卒入学・園準備もスタート!!
男の子は大きめで!!
ダボッ
←制服買いに来た
書類の山にうもれながら記入する日々が続く…
ヒー
ヒー
カリカリ
2月上旬
さてと…
引っ越しに合わせて手放す家具・家電を決めますかね

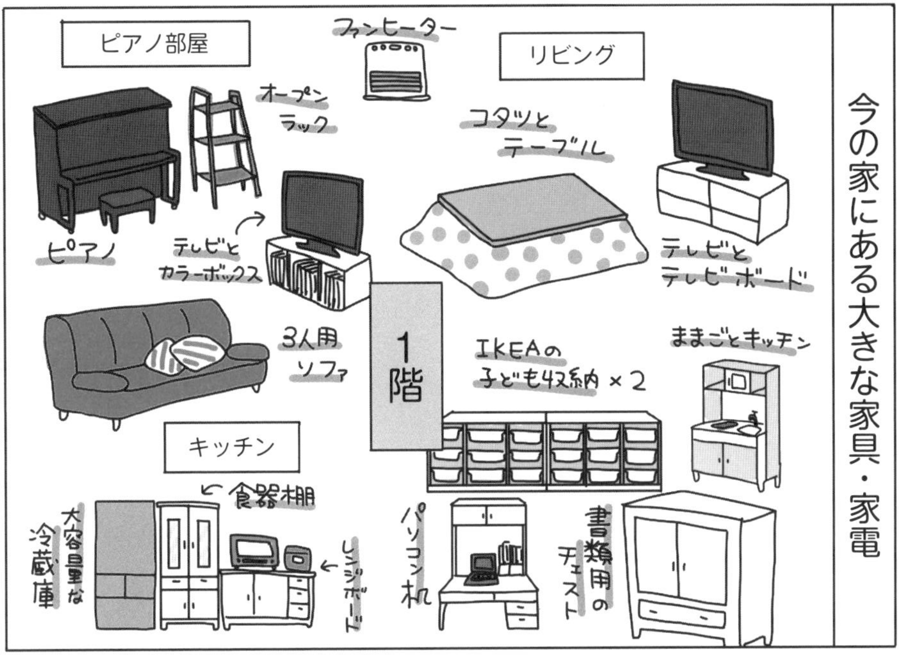
今の家にある大きな家具・家電
ピアノ部屋
ファンヒーター
リビング
オープンラック
コタツとテーブル
ピアノ
テレビとカラーボックス
テレビとテレビボード
3人用ソファ
1階
IKEAの子ども収納×2
ままごとキッチン
キッチン
食器棚
大容量な冷蔵庫
レンジボード
パソコン机
書類用のチェスト

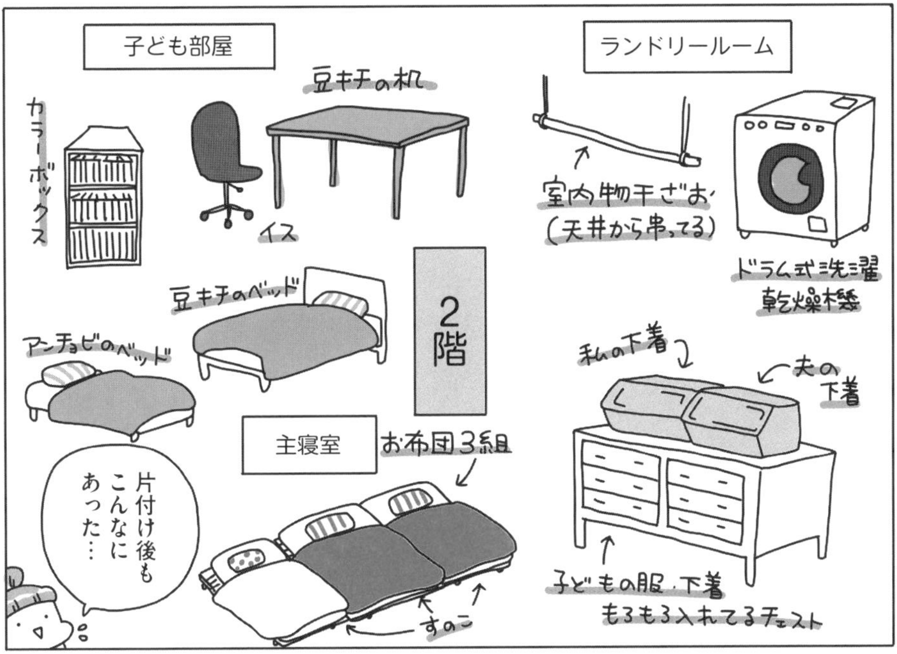
子ども部屋
ランドリールーム
カラーボックス
豆キチの机
イス
室内物干ざお
(天井から吊ってる)
ドラム式洗濯乾燥機
豆キチのベッド
2階
アンチョビのベッド
私の下着
夫の下着
主寝室
お布団3組
片付け後もこんなにあった…
すのこ
子どもの服・下着もろもろ入れてるチェスト

新居の子ども部屋は物理的にベッド2つはムリだから
2段ベッドに買い替えが必要だね
まだまだ使えるモノだし姉夫婦が使うか聞いてみようか
あ!! もしもーし あのさぁ
今使ってる冷蔵庫とか食器棚は大きすぎてマンションに入らないね…
洗濯機も大きいタイプだからな〜
洗面所のドア通らない
え!? ドラム式!? 使うよ!!
冷蔵庫に食器棚も!? まとめて買わせてよ!!
姉夫婦が買い取ってくれたりリサイクルショップや回収業者にお願いした結果…
新居へ持ち込む家具・家電はこうなった
コタツ
TV 2台
チェスト
IKEAの子ども収納
5人分のお布団セット
カラーボックス
ままごとキッチン

ダンボール使わずに済んだよ!!

大変かな〜って思ってたけど夏のお片付けでかなりモノが減ってたからすぐ終わったたね
うん
はじめての街で新生活が始まると思うとさ
なんかワクワクするね♪
家が建った時オレもう一生引っ越すことはないと思ったんだけど
これからはまだ何度かこの気持ち味わえるんだね〜
手続き行く前に新居近くのお店にランチ食べに行こうか?
それいいね!!歩いていってみようか♪
そしてついに…
卒業式
3人全員!!卒園・卒業したぞ!!
おつかれさまでーす
ガチャ
コロナの濃厚接触者で出席できなかったアベ

おーい
そろそろ出るよ〜!!
はーい!!
忘れものはなかったよ〜
ガチャ
ガチャ
バタン
8年間
お世話になりました
ブロロン
ただいま賃貸!!

14話 半分の広さの生活の工夫

小さくなったおウチ 初日
わ〜新しいおウチだよ〜
え!? 階段ないね!!
わい わい
トイレ 1コだ!!
わい わい
天井近いね ジャンプしたら手届いちゃう
マンションなのでしずかにね!
1階にしてよかった
トイレもすぐ近くでいいね!!
ドア開けたらすぐお風呂
前の家は遠くて面倒だったんだよね!!
わ〜ピアノがちゃんと中に入ってる〜
設置された防音室
防音室は完全に音がなくなるわけではないので
ピアノの音は聞こえます
ピアノの音は40デシベル分小さくなるタイプにしたので
だいたい人の会話くらいの音量になります
80〜90dB
40〜50dB
家の外にはまったく音は聞こえません
シーーン
練習は夜9時までね
朝は7時から静かな曲を!! OK?
はーい

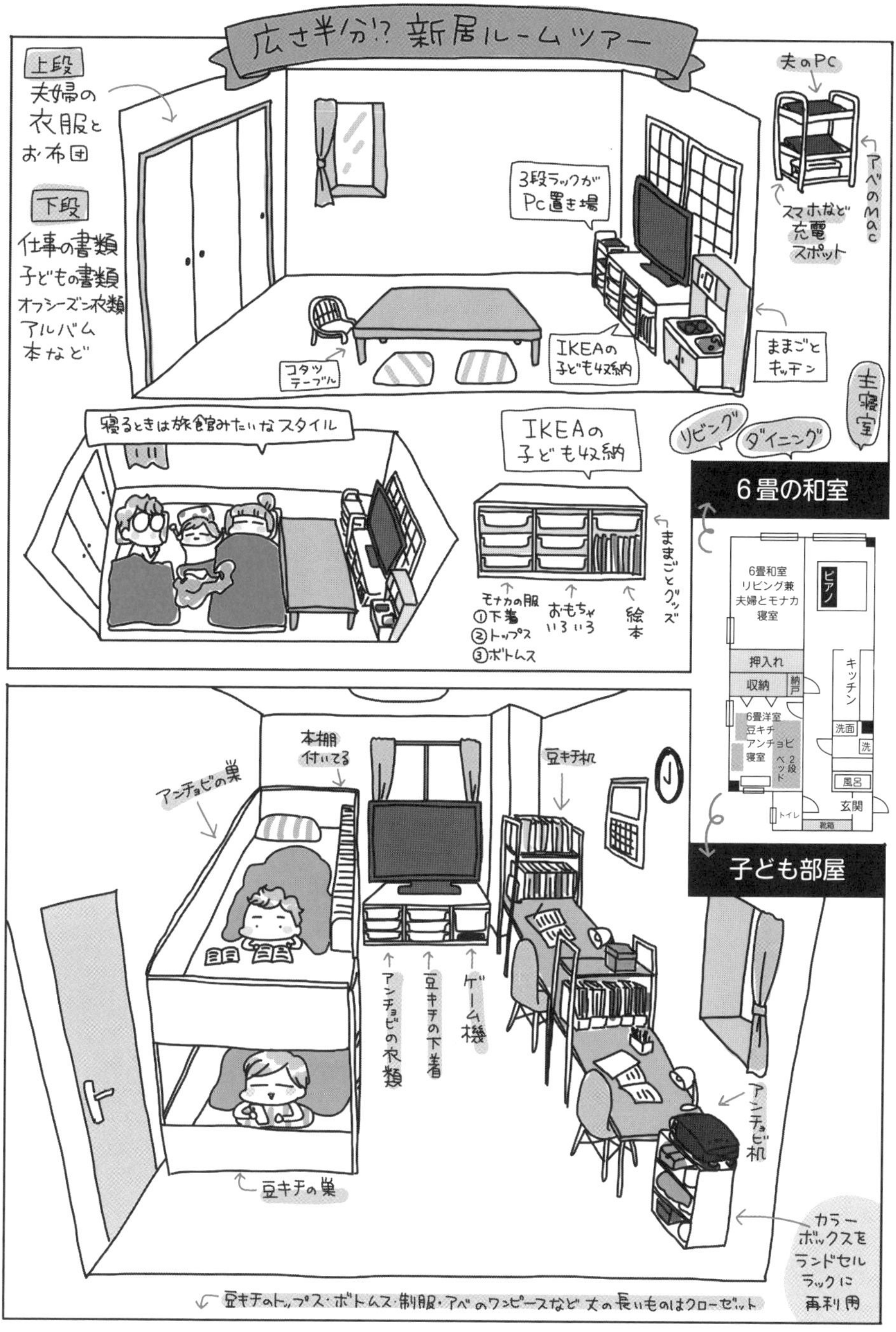
広さ半分!? 新居ルームツアー
上段
夫婦の衣服とお布団
下段
仕事の書類
子どもの書類
オフシーズン衣類
アルバム
本など
3段ラックがPC置き場
夫のPC
アベのMac
スマホなど充電スポット
コタツテーブル
IKEAの子ども収納
ままごとキッチン
主寝室
リビング
ダイニング
寝るときは旅館みたいなスタイル
IKEAの子ども収納
ままごとグッズ
モナカの服
①下着
②トップス
③ボトムス
おもちゃいろいろ
絵本
6畳の和室
6畳和室
リビング兼
夫婦とモナカ
寝室
ピアノ
押入れ
収納
納戸
キッチン
6畳洋室
豆キチ
アンチョビ
寝室
2段ベッド
洗面
洗
風呂
玄関
トイレ
靴箱
子ども部屋
アンチョビの巣
本棚付いてる
豆キチ机
アンチョビの衣類
豆キチの下着
ゲーム機
アンチョビ机
豆キチの巣
カラーボックスをランドセルラックに再利用
豆キチのトップス・ボトムス・制服・アベのワンピースなど丈の長いものはクローゼット

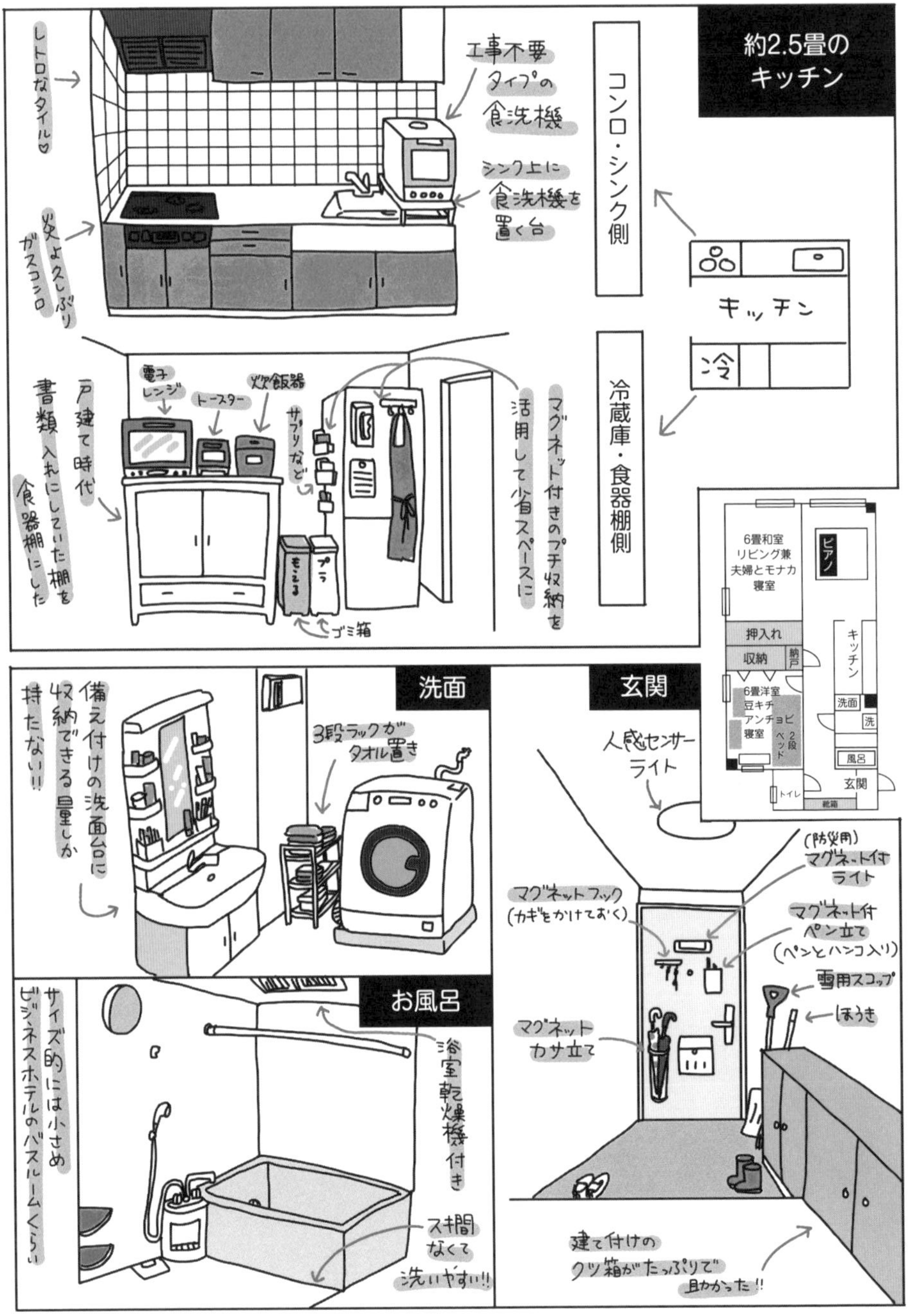
約2.5畳のキッチン
コンロ・シンク側
冷蔵庫・食器棚側
キッチン
冷
レトロなタイル♡
工事不要タイプの食洗機
シンク上に食洗機を置く台
炎よ久しぶりガスコンロ
電子レンジ
トースター
炊飯器
サプリなど
戸建て時代書類入れにしていた棚を食器棚にした
マグネット付きのプチ収納を活用して省スペースに
もえる
プラ
ゴミ箱
6畳和室
リビング兼
夫婦とモナカ
寝室
ピアノ
押入れ
収納
納戸
キッチン
6畳洋室
豆キチ
アンチョビ
寝室
2段ベッド
洗面
洗
風呂
玄関
トイレ
靴箱
洗面
備え付けの洗面台に収納できる量しか持たない!!
3段ラックがタオル置き
玄関
人感センサーライト
(防災用)マグネット付ライト
マグネットフック(カギをかけておく)
マグネット付ペン立て(ペンとハンコ入り)
雪用スコップ
ほうき
マグネットカサ立て
建て付けのクツ箱がたっぷりで助かった!!
お風呂
浴室乾燥機付き
サイズ的にはビジネスホテルのバスルームくらい
スキ間なくて洗いやすい!!

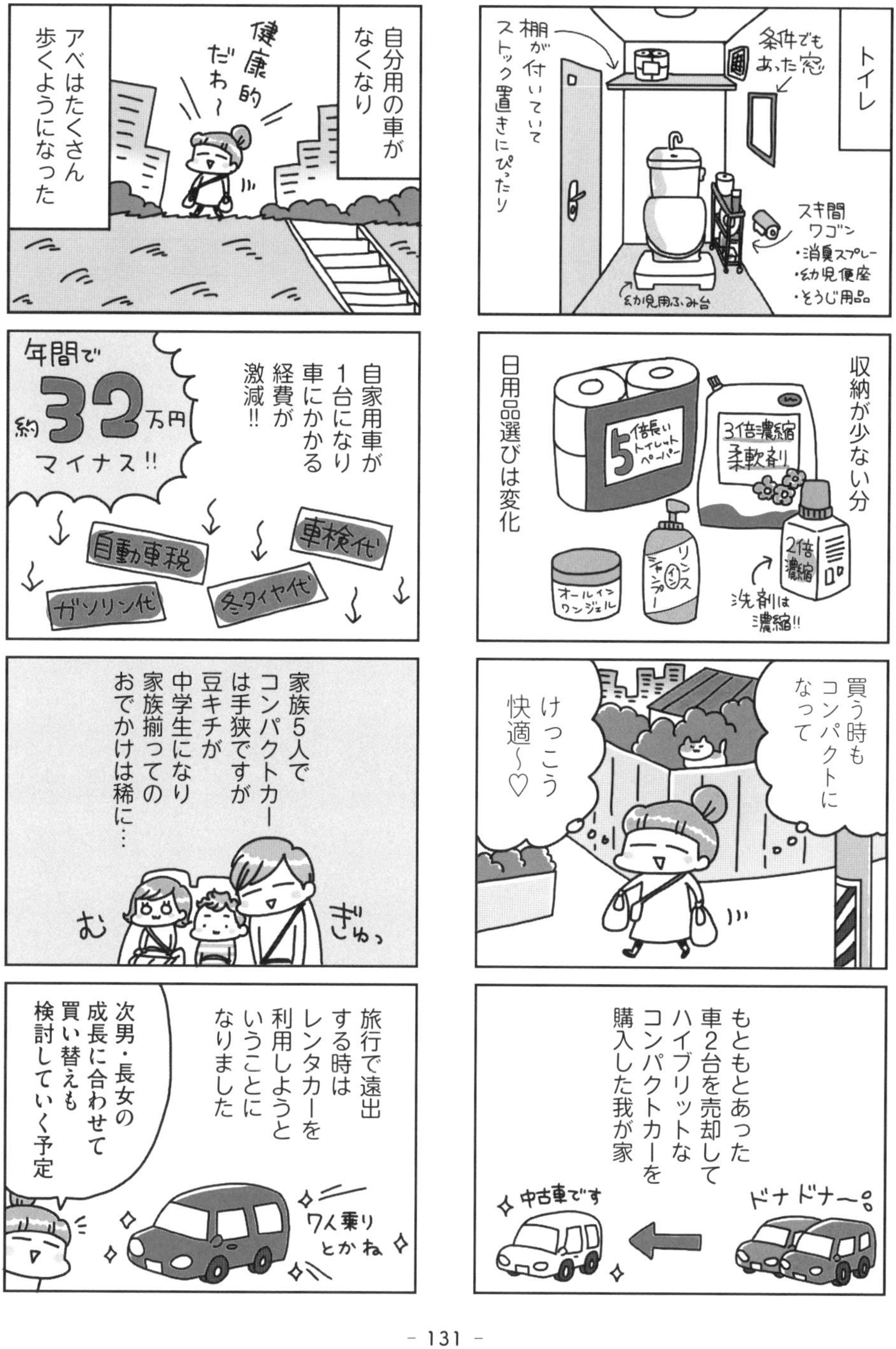
トイレ
条件でもあった窓
棚が付いていてストック置きにぴったり
スキ間ワゴン
・消臭スプレー
・幼児便座
・そうじ用品
幼児用ふみ台
収納が少ない分
日用品選びは変化
5倍長いトイレットペーパー
3倍濃縮 柔軟剤
2倍濃縮
リンスインシャンプー
オールインワンジェル
洗剤は濃縮!!
買う時もコンパクトになって
けっこう快適～♡
もともとあった車2台を売却してハイブリットなコンパクトカーを購入した我が家
ドナドナ～♪
中古車です
自分用の車がなくなり
アベはたくさん歩くようになった
健康的だわ～
自家用車が1台になり車にかかる経費が激減!!
年間で約32万円マイナス!!
自動車税
車検代
ガソリン代
冬タイヤ代
家族5人でコンパクトカーは手狭ですが豆キチが中学生になり家族揃ってのおでかけは稀に…
む
ぎゅっ
旅行で遠出する時はレンタカーを利用しようということになりました
次男・長女の成長に合わせて買い替えも検討していく予定
7人乗りとかね

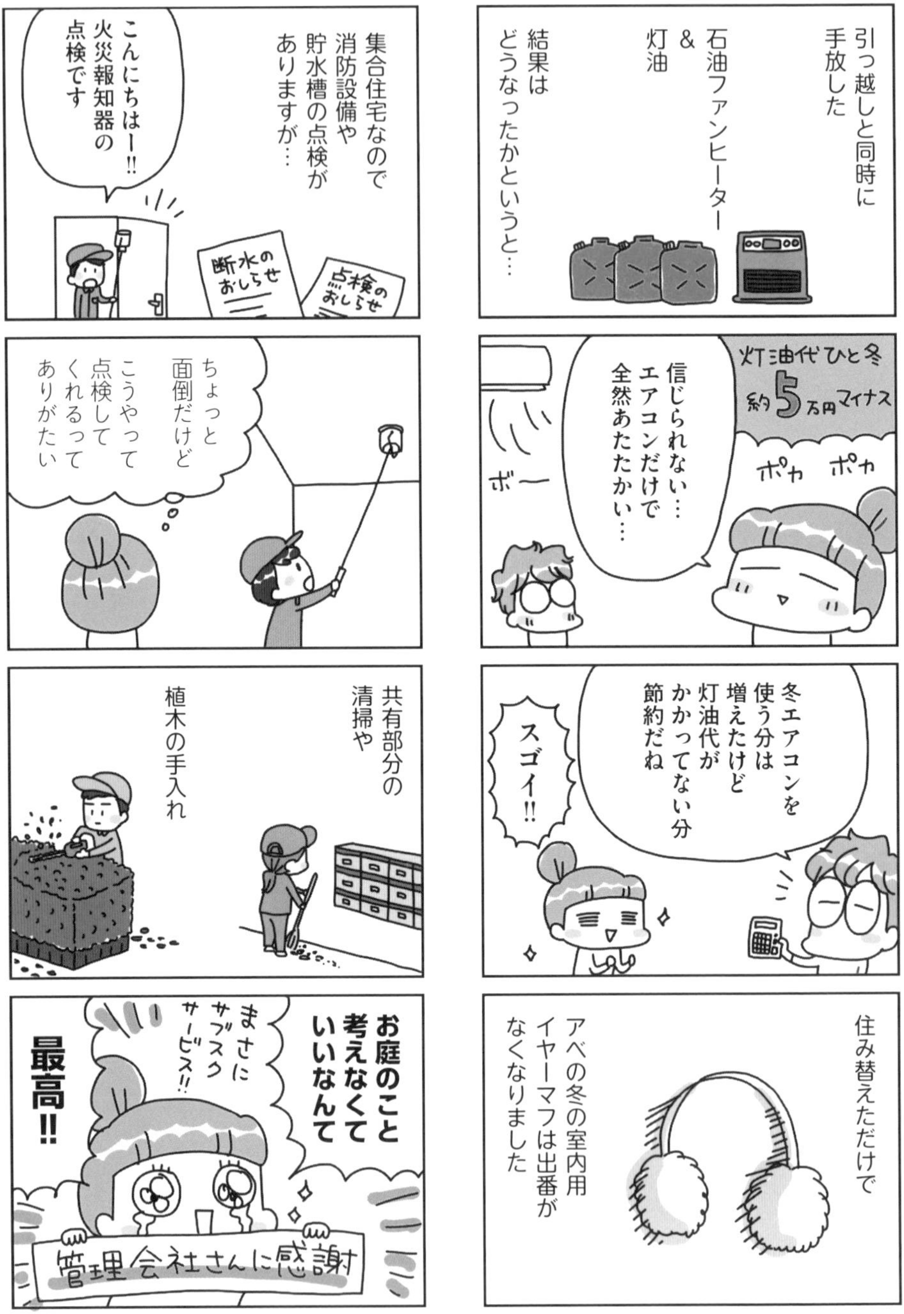

引っ越しと同時に手放した
石油ファンヒーター
&
灯油
結果はどうなったかというと…
灯油代ひと冬 約5万円マイナス
ポカ ポカ
ボー
信じられない…エアコンだけで全然あたたかい…
冬エアコンを使う分は増えたけど灯油代がかかってない分節約だね
スゴイ!!
住み替えただけで
アベの冬の室内用イヤーマフは出番がなくなりました
集合住宅なので消防設備や貯水槽の点検がありますが…
こんにちはー!! 火災報知器の点検です
断水のおしらせ
点検のおしらせ
ちょっと面倒だけどこうやって点検してくれるってありがたい
共有部分の清掃や
植木の手入れ
お庭のこと考えなくていいなんて
まさにサブスクサービス!!
最高!!
管理会社さんに感謝

収納の少ない新居でのルールは
収納からモノがあふれたら持ちすぎのサイン
サイン
サイン
モノが多くなってきたな
お片付けしますか
ゴミ袋
あ…もうサイズアウトしてる服が入ってた
古くなったり部品のかけたおもちゃがあるね～
もはや何の部品か不明
だいたい収納からあふれる時は理由がある
ゴミ袋
ちなみにアベの服は逆にちょっと増えました
いや～それがですね…
夏のお片付けの時自分の服を超減らしたんです
ミニマリストにあこがれて～♡♡♡
9通りのコーデができたらOKでしょ
組み合わせも楽で良かったんですが…
全然楽しくない
アベには合わないライフスタイルでした

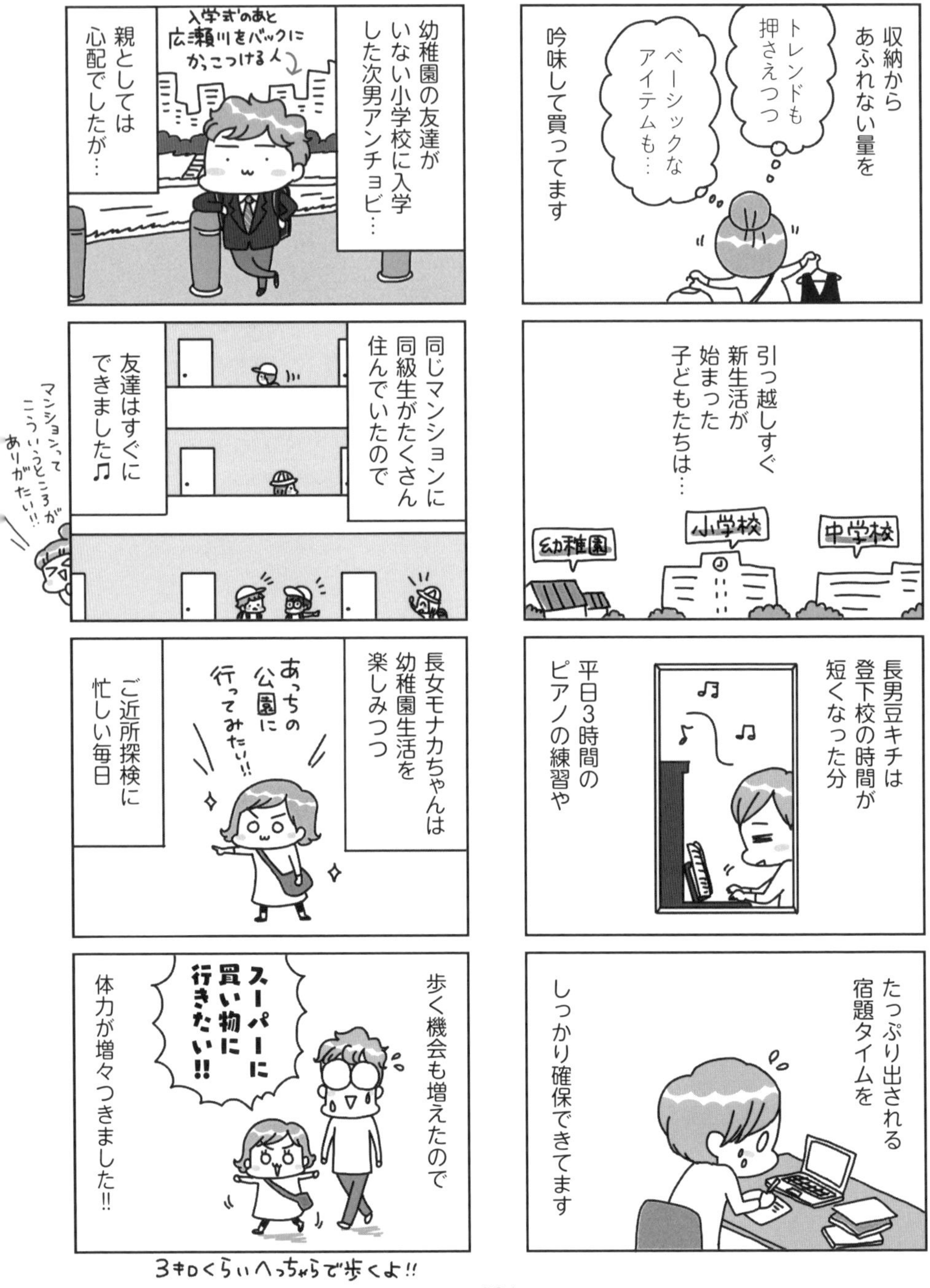

収納から
あふれない量を
トレンドも押さえつつ
ベーシックなアイテムも…
吟味して買ってます
引っ越しすぐ新生活が始まった子どもたちは…
幼稚園
小学校
中学校
長男豆キチは登下校の時間が短くなった分
平日3時間のピアノの練習や
たっぷり出される宿題タイムを
しっかり確保できてます
幼稚園の友達がいない小学校に入学した次男アンチョビ…
入学式のあと広瀬川をバックにかっこつける人
親としては心配でしたが…
同じマンションに同級生がたくさん住んでいたので
友達はすぐにできました♫
マンションってこういうところがありがたい!!
長女モナカちゃんは幼稚園生活を楽しみつつ
あっちの公園に行ってみたい!!
ご近所探検に忙しい毎日
歩く機会も増えたので
スーパーに買い物に行きたい!!
体力が増々つきました!!
3キロくらいへっちゃらで歩くよ!!

家が狭くなったことは
子どもたちはあまり
気にならないようで…
前の家は広すぎてさ自分の部屋にいると親の気配がしなくて怖かったんだよ
特に具合悪い時にお母さんを呼んでもすぐに来てくれなかったしね
2F
お母さーん
吐きそう!!
1F
?
?
ごめん…
豆キチは中学生になって自宅にいる時間が減りましたが
今日は部活!! 18時過ぎに帰るね!!
はーい
ファイト!!
どう頑張っても顔を合わせるしかない狭い家で前より
お父さんあのゲーム知ってる?
あ〜今流行ってるゲーム?
親子の会話が増えました
ごろ
ごろ
狭いなりに楽しみ方を見つけて
そうじがアホみたいに楽じゃない?
家小さいからね!!
そうじ機すぐおわる!!
それぞれが新しい家を楽しんでいます
あくまでここは通過地点!!
2010年後どんな街で暮らすのか楽しみです

防音室の中はこんな感じ～♪

エピローグ

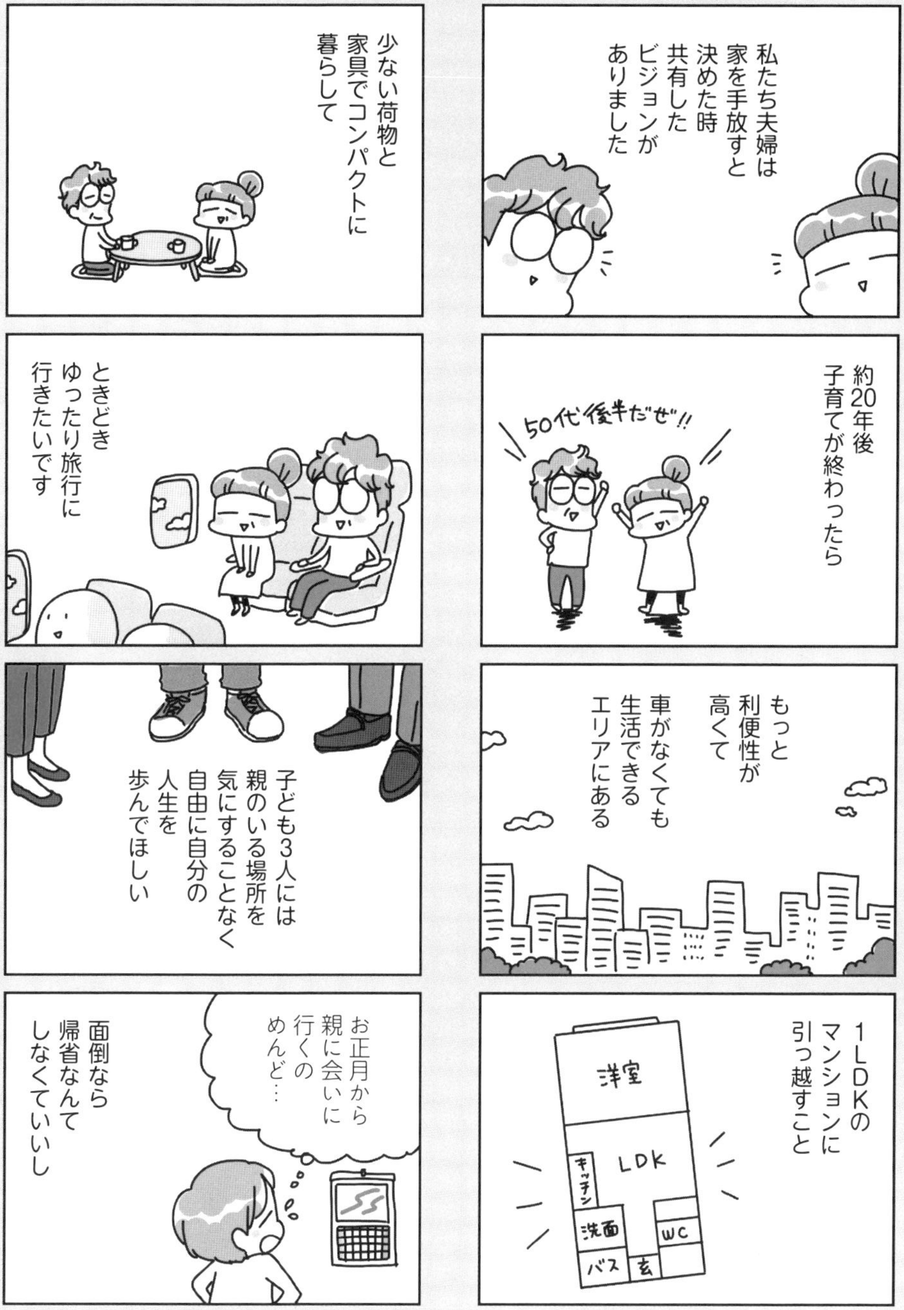
私たち夫婦は
家を手放すと
決めた時
共有した
ビジョンが
ありました
約20年後
子育てが終わったら
50代後半だぜ!!
もっと
利便性が
高くて
車がなくても
生活できる
エリアにある
1LDKの
マンションに
引っ越すこと
洋室
LDK
キッチン
洗面
WC
バス
玄
少ない荷物と
家具でコンパクトに
暮らして
ときどき
ゆったり旅行に
行きたいです
子ども3人には
親のいる場所を
気にすることなく
自由に自分の
人生を
歩んでほしい
お正月から
親に会いに
行くの
めんど…
面倒なら
帰省なんて
しなくていいし

子どもの
結婚には
こだわらないけど
もしも家庭を
持ったなら
子どもの
パートナーに
負担を
かけてまで
帰省しよ
子連れで
モヤ モヤ
義実家…やだな〜
孫の顔を
しょっちゅう見せて
ほしいと思わない
子どもの
家族が会いたいと
言った時だけ
ホテルに泊まるぞ♪
自分たちから
会いに行って
おいしい食事を
一緒に楽しむくらいで
いいかな〜
好きなの食べて♡
メニュー
って思ってます
まぁその前に教育費を貯めないとね
そうだね!!
どうも〜
大きかった
お金の不安も
家を手放したら
ずいぶんと
小さくなりました
秋田犬くらい
このまま頑張って
ちまっと♡
ハムスターくらいの大きさになればいいな♡

「実家の片付け」が
大変なものと
言われている昨今
ですが…
子どもには
大変な遺品整理を
味わってほしくない
私が残すのは
これだけ!!
お母さんの
思い出BOX
いいな〜オレも
自分の思い出箱
作ろうかな
エヘへ
作り方教えるよ
さて手放した
家はどうなったかと
言いますと…
現在は
姉夫婦家族と
ネコが4匹
暮らしています
みんなー
ゴハン
だよ〜
姉夫婦は
アベ夫婦と違って
沢山のモノを管理できる
タイプだし

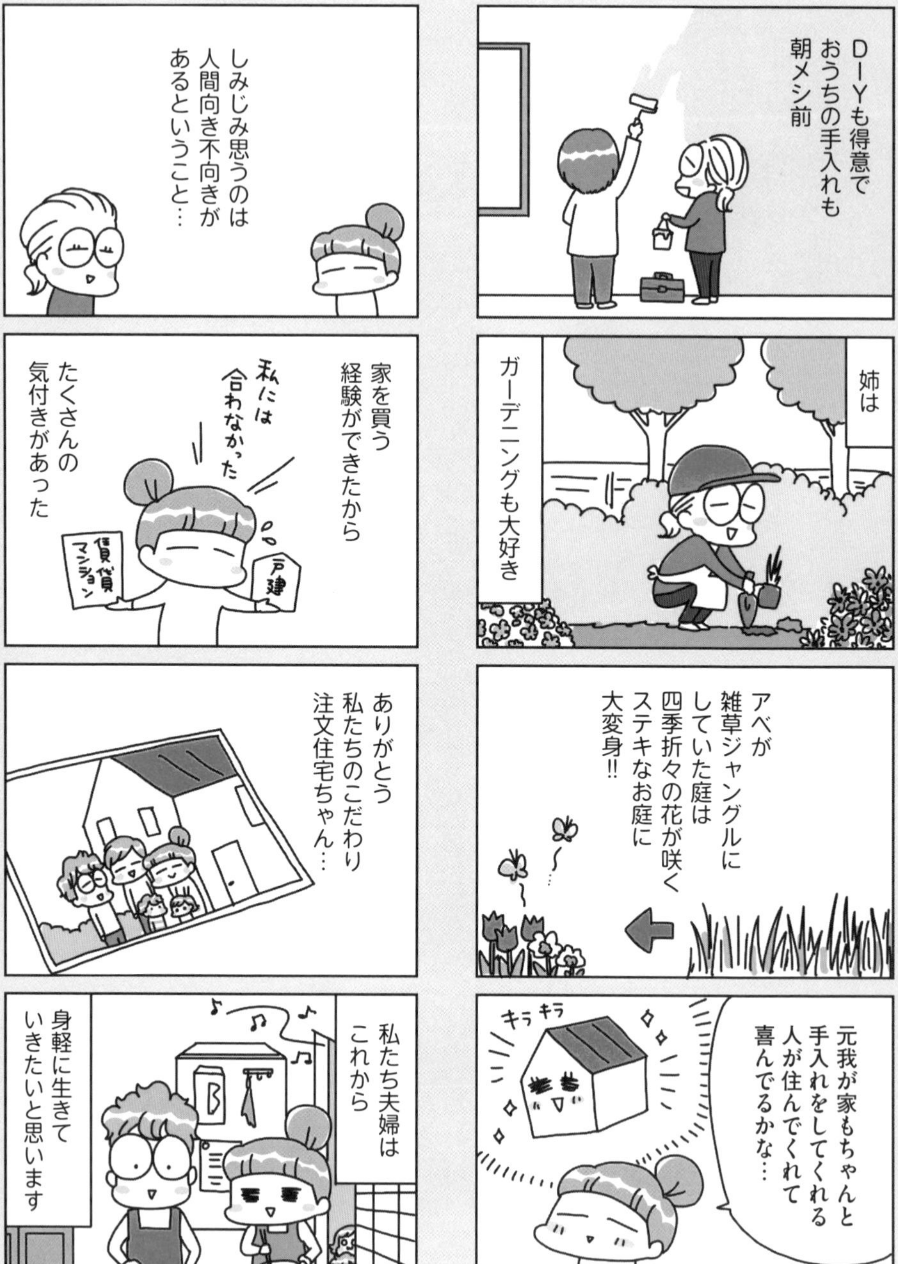
DIYも得意で
おうちの手入れも
朝メシ前
姉は
ガーデニングも大好き
アベが
雑草ジャングルに
していた庭は
四季折々の花が咲く
ステキなお庭に
大変身!!
キラキラ
元我が家もちゃんと
手入れをしてくれる
人が住んでくれて
喜んでるかな…
しみじみ思うのは
人間向き不向きが
あるということ…
家を買う
経験ができたから
私には
合わなかった
賃貸マンション
戸建
たくさんの
気付きがあった
ありがとう
私たちのこだわり
注文住宅ちゃん…
私たち夫婦は
これから
身軽に生きて
いきたいと思います

STAFF

【ブックデザイン】
坂野 弘美

【DTP】
木蔭屋　小川卓也

【校 正】
齋木恵津子

【コラム原稿】
瀬戸珠恵

【作画協力】
安比奈ゆき
菅原茉由美
ミキ
YUME

【取材協力】
LIFULL HOME'S

【編集長】
山﨑 旬

【編集担当】
因田亜希子

あとがき

本書を最後までお読みいただき、誠にありがとうございました。我が家の激変ぶり、いかがだったでしょうか?

現在、2LDKの賃貸マンションに暮らしてもうすぐ2年になるところです。植木は定期的にお手入れがされ、もう草むしりに悩むことはなくなりました。狭すぎないかな…と一瞬ヒヨったアベでしたが、現在はとても快適に暮らしています。

現在中学2年生になった、思春期真っ盛りの長男豆キチ。一人部屋じゃないのは嫌がるかな~と心配していましたが、意外と家族との距離が近い生活が心地よいらしく不満はないようです♪

次男アンチョビは、憧れだったマンション暮らしにご満悦な様子。同じマンションの同級生と登下校する毎日です。末っ子長女モナカは、ご近所の探検を済ませ、お気に入りのお散歩コースを楽しんでいます。

私たち夫婦は、夫婦で決めた目標を道標に2人で家計を回しておりまして、引っ越しを決めた2年前よりも、子どもたちも成長しているので食費や教育費は上がってきています。どう

Afterword by Naomi Abe

やってやりくりするか、夫婦で日々一緒に悩み、話し合い、乗り越え方を常に考えています。
もしかしたら、一番変化があったのは夫かもしれませんね。お金の問題を話すようになってから、積極的に子どもと関わるようになりました。豆キチとも真剣に将来について話したり、アンチョビの興味があるもの、将来なりたいものを話したり、子どもをよ〜〜〜く見守るようになったな〜と感じます。
私たち夫婦は、目標達成のために家を手放す判断をしましたが、そこまで大掛かりなことをしなくても、これから教育費を貯めていかなければならない子育て中のご家庭で、家計の見直しのきっかけになったり、少しでもお役に立てればうれしいです。
最後に、いつでも私の話に寄り添ってくれた編集のインデンさん、いつも頼もしすぎるアシスタントの皆さん、デザイナーさん、この本に関わった全ての方に心から御礼申し上げます。

アベナオミ

JN033153

賃《ちん》貸《たい》か持《も》ち家《いえ》か? こだわりマイホームを手《て》放《ばな》して賃《ちん》貸《たい》生《せい》活《かつ》でお金《かね》も貯《た》まりました

2024年2月2日　初版発行

著者
アベナオミ
発行者
山下 直久

発行　株式会社KADOKAWA
〒102-8177　東京都千代田区富士見2-13-3
電話 0570-002-301(ナビダイヤル)

印刷所
図書印刷株式会社

ISBN 978-4-04-683177-4　C0077